30 dias
para arrasar nas mídias sociais

Gail Z. Martin

30 dias
para arrasar nas mídias sociais

Tradução
Fábio Zatz

best.
business

CIP-BRASIL. CATALOGAÇÃO-NA-FONTE
SINDICATO NACIONAL DOS EDITORES DE LIVROS, RJ.

M33t
Martin, Gail Z. 1962-
30 dias para arrasar nas mídias sociais / Gail Z. Martin; tradução: Fábio Zatz. — Rio de Janeiro: Best Business, 2012.

Tradução de: 30 days to social media success
ISBN 978-85-7684-521-8

1. Marketing na Internet. 2. Relações públicas. 3. Redes sociais on-line. 4. Mídia social. I. Título. II. Título: Trinta dias para arrasar nas mídias sociais.

11-7653.
CDD: 658.872
CDU: 658.879

Texto revisado segundo o novo Acordo Ortográfico da Língua Portuguesa.

Título original norte-americano
30 DAYS TO SOCIAL MEDIA SUCCESS
Copyright © 2010 by Gail Z. Martin
Copyright da tradução © 2011 by Editora Best Seller Ltda.

Publicado originalmente pela Career Press
220 West Parkway, Unit 12, Pompton Plains, NJ 07444 USA.

Capa: Sérgio Carvalho | Periscópio
Editoração eletrônica: FA Editoração

Todos os direitos reservados. Proibida a reprodução,
no todo ou em parte, sem autorização prévia por escrito da editora,
sejam quais forem os meios empregados.

Direitos exclusivos de publicação em língua portuguesa para o Brasil
adquiridos pela
EDITORA BEST BUSINESS um selo da EDITORA BEST SELLER LTDA.
Rua Argentina, 171, parte, São Cristóvão
Rio de Janeiro, RJ — 20921-380
que se reserva a propriedade literária desta tradução

Impresso no Brasil

ISBN 978-85-7684-521-8

Seja um leitor preferencial Record.
Cadastre-se e receba informações sobre nossos lançamentos
e nossas promoções.

Atendimento e venda direta ao leitor:
mdireto@record.com.br ou (21) 2585-2002

A meu marido e filhos,
que acreditam em possibilidades.

Sumário

Prefácio   9
Introdução   13
1. Por que a maioria das estratégias de marketing fracassa   19
2. A mais poderosa ferramenta de marketing: o plano de negócio   27
3. Aprofundando o plano de negócio para um marketing de ouro   37
4. Extraindo gemas do plano de negócio   47
5. Criando um plano de ação   55
6. Descobrindo sua verdadeira história e voz   59
7. Preparando a arapuca   69
8. Criando um plano de marketing para as mídias sociais   75
9. Estou no Facebook. E agora?   87
10. Fazendo negócios no LinkedIn   97

11. A revolução do Twitter   107
12. Blogar para os negócios   119
13. Você conhece o Squidoo?   131
14. Você sabe como o Digg funciona?   143
15. YouTube e Flickr: janelas para o mundo   151
16. Obtenha negócios a partir de fóruns, conversações e threads   163
17. Eleve o retorno sobre o investimento dos seus sites de interesse e ramo de atividade   173
18. Mídias sociais e relações públicas   181
19. Mídias sociais e promoções de venda   191
20. Mídias sociais para negócios locais   199
21. Mídias sociais para as organizações sem fins lucrativos   207
22. Mídias sociais e branding   219
23. A globalização das mídias sociais   229
24. Mídias sociais e seu site   239
25. Grandes sites, além dos costumeiros   247
26. As mídias sociais e eventos   257
27. As mídias sociais e o autor   267
28. As mídias sociais e o palestrante   277
29. As mídias sociais e o funil de vendas   287
30. Após um mês: para onde eu vou daqui?   295

Quer saber mais sobre mídias sociais?   302

Prefácio

Atualmente, as pequenas empresas e profissionais autônomos vivem em um período instigante para publicitários. Nunca antes tinha sido possível para empresas pequenas e médias utilizar as mesmas ferramentas de marketing das principais corporações. As mídias sociais são igualmente acessíveis tanto a pequenas empresas quanto a grandes organizações.

Durante o período de um ano, mantenho contato com milhares de empresários em todos os níveis de crescimento, desde empresas promissoras até empresas consolidadas no mercado. E todas buscam ferramentas promocionais eficazes que também tenham uma boa relação custo-benefício. Embora as mídias sociais sejam uma das mais instigantes ferramentas de comunicação que surgiram nos últimos 20 anos capazes de fornecer um marketing eficiente e com uma boa relação custo-benefício, são também um dos meios mais incompreendidos.

À medida que viajo pela América do Norte realizando palestras em empresas e organizações profissionais, e enquanto conduzo seminários por meio de teleconferência e programas de treinamento para grupos na internet com participantes de todo o mundo, percebo que uma pergunta domina a conversa: "Como posso usar as mídias sociais para a minha empresa fazer diferença?" Essas pessoas extremamente ocupadas querem conselhos práticos com resultados práticos e se sentem desencorajadas pela percepção de que seria necessário um enorme investimento de tempo para fazer com que a mídia social desse retorno para elas.

Essa é a razão para o surgimento de livros como *30 dias para arrasar nas mídias sociais*.

Este livro é elaborado para ajudá-lo a criar uma plataforma estratégica de mídia social para seu negócio, focada em alcançar seu melhor público-alvo. Só você pode determinar seu nível de sucesso, por meio do emprego das dicas e estratégias que compartilharei neste livro. Eis como defino o sucesso: estar nos locais certos para encontrar-se com as pessoas que estão interessadas e que são capazes de adquirir seus produtos ou serviços, engajando-se em um diálogo que atenda as necessidades dos seus *prospects** e encorajando-os a se tornarem fregueses.

---

* Um cliente em potencial. (*N. do T.*)

As informações e exercícios que você encontrará neste livro vão levá-lo a alcançar suas metas de mídia social. Caso você necessite de mais ajuda ou queira se aprofundar neste assunto, meu site *www.gailmartinmarketing.com* oferece uma variedade de opções. Espero que você me encontre no Twitter, Facebook e outras mídias sociais, assim como no meu blog Marketing Turnaround e no podcast Shared Dreams para continuarmos a conversa.

Agora é hora de você conhecer a mídia social estratégica. Espero que ela se torne uma poderosa ferramenta para ajudá-lo a alcançar seus sonhos.

Introdução

Este livro pretende ajudá-lo a reestruturar ou começar seu marketing nas mídias sociais em 30 dias ou menos. Se você é um instrutor, consultor, autor, orador, profissional autônomo ou dono de um pequeno negócio, e não pode dar-se o luxo de desperdiçar recursos ou esforços em programas de marketing nas mídias sociais, que não produzam resultados, este livro é para você.

Caso você jamais tenha feito marketing através de mídias sociais, esta é uma ótima maneira de assegurar-se de que está iniciando seu programa de marketing em bases sólidas. Se você está usando marketing nas mídias sociais, mas ele não trouxe os resultados que você esperava, esta é uma ótima oportunidade de melhorar seu programa. Caso seu marketing nas mídias sociais esteja caminhando, mas não quebre recordes, esta abordagem pode reanimar e revigorar seus esforços.

Vamos começar!

Primeiro a "excursão guiada". Este livro é elaborado para o profissional atarefado. A informação é fornecida em capítulos pequenos que podem ser consumidos como uma vitamina diária para seu negócio. Cada "pedaço" traz um passo importante para reestruturar seu marketing nas mídias sociais em 30 dias. Além disso, você também receberá:

- ~ Dicas do Lembrete de Resultados sobre como melhorar.
- ~ A Regra dos 30 para se beneficiar do poder do marketing.
- ~ Exercícios para ajudar você a pôr em prática o que está aprendendo.
- ~ Um calendário de planejamento para preencher à medida que você avança.

Princípios

Reitere seu compromisso com o marketing.
Espere sucesso.
Busque parceiros.
Conheça seu público.
Procure situações em que todos os lados "vençam".
Adote uma ação estratégica.
Mantenha-se em evidência.

O primeiro passo é afirmar seu compromisso com o marketing. Descobri que muitas empresas que não estão satisfeitas com os resultados de marketing nunca se comprometeram com as atividades necessárias para alcançar o sucesso. Esforços pequenos produzem resultados decepcionantes. A fim de fazer com que este guia funcione, você deve comprometer-se de corpo e alma para colocar as ideias em prática.

O segundo passo é ter uma expectativa de sucesso. Suas perspectivas moldam a realidade. Se você colocar em prática as ideias que eu vou apresentar, sem acreditar que elas realmente funcionarão, a dúvida irá minar tudo que fizer. Você estará se preparando para fracassar. Com uma expectativa de sucesso, mesmo se sua primeira tentativa não produzir os resultados esperados, você descobrirá uma maneira melhor de seguir adiante a partir das lições aprendidas.

O terceiro passo é buscar parceiros. Ninguém alcança o sucesso sozinho. Parceiros podem assumir várias formas. Um parceiro pode ser a pessoa que está comprometida em fazer com que seu empreendimento prospere, um assistente virtual, ou um parceiro. As sociedades mais eficazes são aquelas que você constrói formalmente e informalmente com outras companhias que já estão servindo seu público-alvo ideal de maneiras não competitivas.

O quarto passo é conhecer seu público. Muitos esforços de marketing fracassam porque estão focados naquilo que o negócio quer vender em vez de observar o que o público-alvo necessita. Uma vez que você alinha seu marketing com as dificuldades que estão tirando o sono de seus clientes-alvo, você estará no caminho certo.

O quinto passo é buscar situações em que todas as partes "vençam". Isso significa o desenvolvimento de projetos colaborativos com seus parceiros de marketing para fazer com que tanto o seu quanto o negócio deles prosperem. Por exemplo, um auditor independente e um advogado especialistas no direito de pequenas empresas podem unir-se para apresentar uma série de seminários sobre temas polêmicos envolvendo capital e leis para pequenas empresas. Se cada empresa já tiver uma lista consolidada de e-mail de clientes e clientes-alvo, uma pode escrever artigos no boletim da outra. Essas empresas não são competidoras porque não oferecem os mesmos serviços, mas servem ao mesmo público. Cada empresa ganha por meio de promoção cruzada e os clientes e clientes-alvo também ganham, se a informação fornecida for valiosa.

O sexto passo é assumir riscos estratégicos. Este livro não garante os resultados. Estou compartilhando um método que tem funcionado para mim e para meus clientes durante os últimos 25 anos. Seu esforço é a única coisa que pode fazer com que os resultados se tornem realidade. Resultados implicam riscos. Sua empresa poderá crescer, criando novos problemas de gerenciamento. Seu livro poderá tornar-se um campeão de vendas — e depois? A demanda por seu produto poderá exceder sua atual capacidade de fornecimento. Mais pessoas desistem por medo do sucesso do que pelo temor do fracasso. Releia isso e analise o tamanho desse medo antes de prosseguir. Para obter resultados, você deve estar disposto a assumir riscos. Sua primeira tentativa pode não prosperar, mas a segunda poderá ser espetacular. Ou poderá ter sucesso e enfrentar todo um conjunto novo de problemas. De qualquer maneira, você deve assumir riscos para obter resultados.

Finalmente, mantenha-se em evidência. Um número muito grande de empresas assume uma abordagem de cão-de-pradaria* em relação ao marketing — aparece em intervalos regulares e depois desaparece novamente. Clientes compram quando têm uma necessidade urgente, e não quando é conveniente para você. É por esse motivo que você deve manter-se em evidência por meio de um programa de marketing e publicidade consistentes e contínuos, e não durante um ou dois surtos esporádicos de proatividade.

Marketing não é mistério. Não é difícil entender seus princípios básicos, mas é necessário esforço para obter resultados. Você poderá ter a sorte de delegar um pouco desse esforço, ou sua conta bancária poderá determinar, pelo menos neste momento, que você é um artista solitário. De qualquer maneira, como o proprietário da empresa, diretor, palestrante ou autor, você é e sempre será seu mais valioso recurso de marketing. Este livro lhe mostrará como aproveitar esse poder para que você possa ser eficiente e eficaz e obter os resultados que deseja.

---

* Espécie de mamífero roedor que cava túneis e fica a maior parte do tempo escondido, ocasionalmente colocando a cabeça para fora da toca. (*N. do T.*)

Como funciona o Guia dos 30 dias

Os Capítulos de 1 a 7 explicam como certificar-se de que sua estratégia de marketing está refletindo suas metas de negócio. Esses capítulos são a base de todo o sistema para obter resultados em 30 dias.

Os Capítulos de 8 a 21 apresentam as mídias sociais mais populares, e eu compartilho minhas dicas de como usar essas ferramentas para promover seu negócio. Até o 21º dia, você verá como aplicar o que já leu. Descobrirá como, em apenas 30 dias, começar com o pé direito seu marketing nas mídias sociais.

Os Capítulos de 22 a 30 tratam dos objetivos profissionais e da estratégia nas mídias sociais e de outras ações de marketing para obter os melhores resultados o ano todo.

CAPÍTULO 1

Por que a maioria das estratégias de marketing fracassa

Histórias de horror com o marketing. Você provavelmente já ouviu. Talvez, você mesmo pode ter tido uma. Essas são as histórias de como alguém tentou uma estratégia de marketing, enviou um comunicado de imprensa ou apresentou um anúncio e "não deu certo".

Ouvi muitas dessas histórias. E assim como a maioria das lendas urbanas, normalmente a história vai além do que parece. Se você está lendo este livro, é provável que seja um treinador, consultor, palestrante, autor ou dono de um pequeno negócio, e deseja obter mais resultado do seu marketing.

Ou talvez não esteja fazendo marketing nenhum porque seu negócio é recente, ou porque tem medo de fracassar. Ou talvez seu marketing esteja apresentando resultados medíocres ou mensurações confusas.

Tenha esperança. Marketing não é mistério, e uma vez compreendido como as peças se encaixam, você estará numa condição melhor de "vender" sua empresa ou de supervisionar alguém para cuidar do marketing para você. Adote o primeiro passo dos princípios e reitere seu comprometimento com marketing. Vamos começar analisando os sete motivos mais comuns pelos quais os planos de marketing fracassam.

- Falta de planejamento. Isso é válido tanto para grandes quanto para pequenos negócios. Muitos esforços de marketing fracassam porque não há nenhuma relação entre as ações de marketing e os objetivos do negócio em termos de receitas. Isso acontece porque os responsáveis pelas decisões se envolvem com uma ideia poderosa e criativa e não precisam prestar contas em termos de resultado, ou porque aceitam um "grande negócio" oferecido por um vendedor de mídia. O marketing sem planejamento pode ser desastroso.
- Ações inadequadas. Se não há planos, então quaisquer ações de marketing que forem adotadas podem entrar em conflito umas com as outras. É pouco provável que uma reforçará a outra ou ajudará uma meta do plano de negócios. Resultados decepcionantes

ocorrem por causa de uma abordagem precipitada em que as ações não estão ancoradas aos objetivos profissionais e público-alvo. Tentativas de imitar uma ação de marketing bem-sucedida do concorrente, sem compreender o porquê (ou se) a ação está funcionando para ele também é uma abordagem perigosa.

~ Ausência de clareza em relação ao público-alvo. O marketing de massa está morto. Uma ação de marketing sem um alvo definido é perda de tempo. Você não pode atingir um alvo se não o identificar. Alguns dos seus clientes-alvo podem vir a ser seus clientes. Você precisará conhecê-los para conquistá-los.

~ Ausência de metas claras. Se você não tiver uma compreensão do que é o sucesso, não saberá quando o alcançar. Não só suas ações de marketing devem estar relacionadas a metas profissionais específicas, mas cada ação de marketing deve ser mensurável. Incorpore a capacidade de mensuração para que as expectativas sejam claras.

~ Expectativas exageradas. Um único comunicado de imprensa provavelmente não vai gerar um aumento significativo das vendas. Um anúncio provavelmente não salvará sua empresa. Muitas pessoas ficam desiludidas com o marketing porque não compreendem os critérios para programas bem-sucedidos. Por exemplo, a maioria dos profissionais de mala direta vibra em obter uma taxa de resposta de 1%. Um por cento! No entanto, muitos pequenos empresários enviam malas diretas e desistem indignados, esperando uma taxa de resposta de 20%, 30% ou mais. É importante ter expectativas realistas para que você possa reconhecer o sucesso quando ele chegar.

~ Falta de conhecimento sobre como o marketing funciona. Para muitas pessoas o marketing assemelha-se muito a um aparelho de DVD: elas não sabem (e não se importam em saber) como ele funciona. A probabilidade de criar um marketing bem-sucedido é pequena sem algum conhecimento de como as peças funcionam e o processo necessário para juntá-las. Com a internet, novas ferramentas estão surgindo quase que diariamente. Você precisará saber como combinar as ferramentas de novas mídias e Web 2.0 com o marketing tradicional para ter sucesso no mercado. Compreender como o marketing funciona é imprescindível, independentemente de você estar utilizando-o sozinho ou delegando-o a outra pessoa.

~ Impaciência. "Veiculamos um anúncio uma vez e nada aconteceu." Todos nós já ouvimos isso. Mas você sabia que as pesquisas de marketing demonstram que são necessários entre sete e 30 "contatos" para realizar uma venda? Os clientes não comprarão até que tenham uma necessidade urgente. Até esse momento, tudo que você pode fazer é criar um reconhecimento em relação ao nome e uma boa reputação.

Esse é o valor da Regra dos 30. Marketing assemelha-se muito à agricultura. Você não plantaria as sementes num dia e depois, no dia seguinte, indignado, as desenterraria porque elas não brotaram durante a noite. Sementes levam tempo, e você não pode apressar isso. Sementes de marketing também levam tempo para crescer.

Colocando o Guia dos 30 dias em prática

Lembra-se dos Princípios? Nos próximos 30 dias, você verá seu marketing nas mídias sociais ir de zero à velocidade máxima.

Reitere seu comprometimento de reservar pelo menos 30 minutos por dia (sim, também nos fins de semana) para dedicar-se a desenvolver sua estratégia de marketing nas mídias sociais para os próximos 30 dias. (Trinta minutos é o mínimo. Uma vez que você tenha começado, provavelmente vai querer despender uma hora, então reserve esse tempo agora.)

Espere sucesso lançando-se de corpo e alma nesse compromisso de 30 dias. Se sua consciência continuar afirmando "Isto é ridículo. Isto não irá funcionar", você está se programando para fracassar. Programe-se para o sucesso escrevendo 30 coisas que você gostaria de conquistar na sua estratégia de mídias sociais. Algumas ideias incluem:

~ Reúna-se com antigos colegas, amigos, vizinhos e sócios para ampliar seu círculo de contatos.

~ Esteja presente no maior evento ininterrupto mundial de redes de negócios com um público global (também conhecido como internet) e faça o seu melhor.

~ Aproveite todas as informações, ensinamentos e inteligência competitiva ao seu alcance.

Agora que você já viu esses três exemplos, produza sua própria lista de 30 expectativas de sucesso e a mantenha à mão para consultas.

Busque parceiros. As mídias sociais são "sociais". Você pode encontrar pessoas incríveis no Facebook, e ter acesso a especialistas que talvez não consiga contatar de nenhuma outra maneira. Sites como LinkedIn são úteis para descobrir o que os amigos e os colegas estão fazendo, e quem eles conhecem. Faça uma lista de 30 amigos, colegas e companheiros com os quais você perdeu contato, e comprometa-se a encontrá-los e estabelecer uma ligação por meio das mídias sociais.

Conheça seu público mais detalhadamente do que nunca com os exercícios do Capítulo 3. Faça uma lista das 30 coisas que você desejaria saber a respeito dos seus melhores clientes, e formule 30 questões que você possa usar em enigmas, pesquisas de opinião e debates nas mídias sociais.

Procure situações em que todos os lados "vençam" publicando conteúdos de valor nas mídias sociais adequadas para atrair mais dos seus melhores *prospects*. Você oferece soluções, e eles se tornam seus melhores clientes. Trata-se de uma situação em que todos ganham. Escreva 30 ideias para dicas, artigos, vídeos ou outros conteúdos úteis que você possa imediatamente publicar reutilizando informações que já possui.

Adote uma ação estratégica colocando em prática o que você aprendeu neste livro para beneficiá-lo. À medida que ler, certifique-se de fazer os exercícios no final de cada capítulo. Complete todos os exercícios dos 30 capítulos nos próximos 30 dias e veja sua mídia social decolar.

Mantenha-se em evidência, cuidando para que seus sites de mídia social estejam atualizados e interessantes. Crie uma lista de 30 eventos que estão por vir, itens que valem a pena ser divulgados ou anúncios que você pode fazer para seu público das mídias sociais para induzi-los a criar diálogos e demonstrar sua credibilidade.

A maioria das pessoas evita fazer marketing porque pensa que é muito difícil ou demorado. Empregando os princípios abordados neste livro, você fará mais em 30 minutos por dia, durante 30 dias, do que a maioria dos empresários faz no ano. Essa é a arma secreta do Obter Resultados: um esforço estratégico e consistente à caça de resultados claros e mensuráveis.

Lembrete de resultados

Planejamento + Esforço + Consistência = Resultados

A Regra dos 30

Quantas vezes suas mensagens estão contagiando *prospects* antes de realizar a venda?

Quão próximo esse número está de 30?

Exercícios

1. Descreva detalhadamente seu principal público-alvo: idade, sexo, educação, localização, renda, principais preocupações, passatempos, anseios, etc.
2. Justifique por que esse é o seu principal público. Agora identifique seu público secundário e explique por que ele está em segundo lugar. Olhe suas respostas. Elas estão consistentes com seu cliente ideal? E com seus clientes atuais? Quais as semelhanças e diferenças?

CAPÍTULO 2
A mais poderosa ferramenta de marketing: o plano de negócio

Se a ideia de criar um plano de negócio deixa você confuso, não se preocupe. Este capítulo não é sobre o tipo de plano de negócio detalhado que você necessitaria para obter um empréstimo em um banco ou dinheiro de um agiota. De fato, o tipo de plano de negócio que vou lhe mostrar pode ser o documento mais dinâmico que você já criou, e, provavelmente, será o mais lucrativo.

Antes de mais nada, se você já escreveu um plano de negócio, imprima-o ou sacuda a poeira dele e analise-o. Se ele tiver mais do que dois anos, seu prazo de validade expirou.

Por quê? As mudanças econômicas globais de 2008 e 2009 exigem uma maneira completamente nova de abordar o mundo dos negócios. Suposições baseadas nas condições do mercado antes de 2009 simplesmente deixaram de ser uma fotografia nítida do mundo. Então, prepare-se para realizar algumas mudanças.

Se você nunca redigiu um plano de negócio, está prestes a descobrir como torná-lo sua mais poderosa ferramenta de marketing. Arrume um pedaço de papel e caneta, e vamos começar.

Defina o sucesso

Entenda o que você quer dizer com "sucesso" nos próximos 12 meses. Sucesso pode significar coisas distintas para pessoas distintas. Sua definição deverá ser o que lhe satisfaça, e provavelmente evoluirá com o decorrer do tempo. Mas se você não souber qual é o seu alvo de sucesso, não saberá quando o atingiu.

Aqui estão algumas maneiras de definir sucesso profissional durante o ano:
- ~ Lucro
- ~ Participação de mercado
- ~ Penetração do novo produto
- ~ Cobertura da mídia
- ~ Canais nacionais de distribuição
- ~ Percentual de ganho nas vendas de produtos

~ Credibilidade do mercado — palestras, entrevistas, participação em conselhos ou comitês

Você poderia até pensar em algumas outras possibilidades. O fato é que sucesso é mais do que apenas dinheiro, embora para a maioria das empresas e profissionais autônomos inclua uma meta financeira.

Preparar. Apontar...

Agora escreva suas três principais metas profissionais para o próximo ano. Certifique-se de hierarquizá-las, da mais à menos importante. Elas combinam com sua definição de sucesso?

Um dos motivos pelos quais o marketing frequentemente fracassa para pequenos negócios e profissionais autônomos é que ele não está alinhado com as metas profissionais. Empresários sobrecarregados aceitam quaisquer oportunidades de marketing que aparecem. Eles não sabem como aceitar ou recusar de maneira acertada porque não têm nenhum padrão para reconhecer as oportunidades.

O plano de negócio estabelece esse padrão. Ao lado de cada meta profissional dada como prioritária, quero que você escreva quem é o público-alvo desse objetivo. Quanto mais precisamente você conseguir identificar seu público-alvo (por exemplo, em vez de "todo mundo" seria melhor afirmar "homens de nível universitário entre 18 e 30 anos"), mais será capaz de direcionar sua ação de marketing. Você poderá ter mais de um público-alvo, ou poderá ter o mesmo público-alvo para todas as suas metas. Tudo bem. Analisaremos seus públicos-alvo mais detalhadamente no próximo capítulo.

...Fogo! Ou aponte novamente

Uma vez que você tenha combinado um público-alvo como uma meta priorizada, faça uma lista de todos os seus atuais esforços de marketing. Liste tudo: site, mala direta, propagandas impressas ou no rádio, mídias sociais, comunicações via e-mail, palestras, comunicados de imprensa etc. Agora que você já fez uma lista abrangente, relacione cada esforço de marketing ao público-alvo que ele alcança e a meta de negócio a que ele está relacionado. Você nota qualquer incoerência?

Normalmente, nesse momento, os donos de negócios percebem que seus esforços de marketing alcançam um determinado público-alvo, mas não estão comunicando uma mensagem que ajude a meta profissional que agora está associada àquele público. Por exemplo, talvez anúncios pagos em revistas estejam alcançando o tipo certo de leitor, mas a resposta que gera não está alinhada com a prioridade do negócio, então, se a meta for "aumentar a lista de mala direta usando a lista de e-mail", o anúncio deveria encorajar os leitores a visitarem o site e se inscreverem deixando seus e-mails.

Ou, então, os empresários descobrem esforços de marketing "órfãos" que não se relacionam com qualquer meta de negócio priorizada. Esforços de marketing órfãos podem existir por força do hábito, ou porque atenderam uma antiga necessidade, ou porque há uma relação emocional com a ação ou com a pessoa que a vendeu para você. Mas, caso ela não esteja ajudando uma meta profissional, chamamos de órfã porque não há motivo para continuar em prática. Eles também podem encontrar um marketing que está comunicando a mensagem correta para uma meta, mas para o público errado.

Sincronizar a mensagem com o melhor público-alvo para ajudar a meta priorizada é o primeiro passo para o sucesso em marketing. E, embora este livro foque no marketing nas mídias sociais, essas são apenas algumas das várias ferramentas para ajudar sua empresa a se promover. O marketing nas mídias sociais será mais bem-sucedido se estiver relacionado com o público e a meta certos, e você obterá um efeito multiplicador em todos os seus esforços de marketing se todos eles estiverem em sintonia. Como você verá quando se aprofundar nos detalhes do marketing, as mídias sociais de boa qualidade ajudam a enviar *prospects* para seu site, compartilham seus comunicados de imprensa ou distribuem seus podcasts ou blogs. Se essas ações de marketing não estiverem associadas às metas e públicos certos, você pode ter uma ótima estratégia de mídia social, mas seus *prospects* receberão uma mensagem confusa e ineficaz que lhe custará vendas.

Busque as falhas

Agora que você alinhou as metas do seu plano de negócio de acordo com suas prioridades de sucesso, relacionou as metas aos públicos-alvo, é hora de buscar "as falhas".

- Há quaisquer metas/públicos sem nenhuma ação de marketing?
- Todos os esforços de marketing estão concentrados em uma meta?
- A maior parte dos seus esforços de marketing concentra-se na sua meta prioritária?
- A maior parte do seu esforço está sendo colocada em metas que você classificou como segunda e terceira em importância?
- Você tem públicos-alvo que não são o foco de nenhuma ação de marketing?
- Algum dos seus públicos-alvo está concentrando todas as mensagens de marketing?
- Seus segundo e terceiro públicos-alvo estão recebendo mais mensagens que seu público prioritário?

Faça uma lista dessas falhas de marketing, porque você precisa abordá-las, e deve buscar saber como as mídias sociais podem ajudá-lo a preencher essas lacunas.

Definindo seu valor transformador

Antes que qualquer cliente gaste dinheiro, ele deve superar dois obstáculos: ego e dinheiro. Ego é o que faz com que pessoas tentem resolver sozinhas um problema, em vez de contratar alguém para fazê-lo. Elas não concordam em adquirir um serviço ou produto até que fracassem ao tentar resolver o problema sozinhas. Dinheiro é o que os clientes esperam economizar ao realizar o trabalho por conta própria. A maioria das pessoas não contratará alguém para qualquer trabalho até que 1) elas fracassem ao realizá-lo sozinhas e 2) há o suficiente em jogo para que o fracasso custe mais do que pagar pelo serviço.

Toda pessoa que adquire um produto ou serviço o faz porque ele, ou ela, tem um problema. Por exemplo, se você é um consultor de negócios, especialista no equilíbrio entre trabalho e vida, seus clientes gastarão tempo e dinheiro para trabalhar com você porque atualmente suas vidas estão fora de equilíbrio. Se você administra uma empresa de telhados, clientes vão contratá-lo para substituir telhas que estão faltando. "Equilíbrio" e "ausência de telhas" é o problema.

Por trás do problema há uma dor. Esse é o risco de o problema aumentar. A questão do equilíbrio entre trabalho/vida pode começar a influenciar os relacionamentos de uma pessoa ou a capacidade de concluir projetos. A falta de algumas telhas pode resultar em danos e reparos mais onerosos se não forem consertadas imediatamente.

Debaixo da dor há um temor. O temor é o "e se" que mantém um cliente em potencial acordado à noite prevendo a pior conjuntura. A questão do equilíbrio entre trabalho/vida pode resultar em um divórcio, crianças delinquentes ou bancarrota. Danos causados pela água podem significar um telhado completamente novo e prejuízos onerosos e estruturais.

Seu valor transformador é a maneira pela qual você aborda o problema/dor/temor. Quando você vende é por que fez duas coisas: respondeu com sucesso ao desafio ego/dinheiro e resolveu a questão problema/dor/temor. Para solucionar o desafio ego/dinheiro você convenceu o cliente que possui habilidades que ele não tem, que economizará o dinheiro dele e ele terá resultados melhores. Resolveu a questão problema/dor/temor assegurando-o de que você é capaz de solucionar tão bem o problema inicial que a dor e o temor desaparecem.

O marketing bem-sucedido comunica seu singular valor transformador aos seus melhores clientes em potencial para satisfazer tanto a objeção ego/dinheiro quanto solucionar o problema/dor/temor. As mídias sociais são um dos muitos canais de marketing que você pode usar para comunicar uma mensagem eficientemente.

Lembrete de resultados

Coloque a maior parte dos seus esforços de marketing para atingir sua principal meta profissional.

A Regra dos 30

Você consegue identificar 30 maneiras pelas quais seu marketing se comunica com seu valor transformador?

Exercícios

1. Dê prioridade às suas três principais metas profissionais.
2. Relacione-as com seus públicos-alvo.
3. Relacione o marketing às metas e o público, e busque as falhas.
4. Estabeleça o valor transformador para cada meta e público.

CAPÍTULO 3
Aprofundando o plano de negócio para um marketing de ouro

Vamos falar um pouco mais sobre os públicos-alvo antes de prosseguirmos, porque a chave de todo marketing é transmitir a mensagem certa à pessoa certa. Isso é especialmente importante na mídia social, porque o componente "social" quer dizer que você está interagindo com pessoas, embora não possa vê-las pessoalmente.

A primeira verdade a respeito de marketing é que é mais fácil e mais eficaz em termos de custo ir para onde seu principal público-alvo já estiver reunido, em vez de tentar formar um novo grupo. Esse é o pensamento apresentado por vendedores de revistas, televisão e rádio que lhes mostram estudos que detalham quem lê, assiste ou escuta a respeito dos seus produtos. O mesmo pensamento vale para os sites de eventos e mídias sociais. É mais fácil você dirigir-se a um grupo que já existe do que despender tempo e esforço para construir uma confraria nova e atrair pessoas para ela.

Infelizmente, a maioria das pequenas empresas e dos profissionais autônomos está tão atribulada cuidando de qualquer negócio que parece que eles não param para pensar quem são seus clientes principais. Um número ainda menor pensa em quem seus clientes *deveriam ser* para que pudessem atingir suas metas.

Descobrindo tudo sobre você

No Capítulo 1, você escreveu muitos detalhes sobre o público-alvo. Pegue essa lista e compare-a com as anotações meta/público/marketing que você fez no Capítulo 2.

Aqui estão algumas perguntas a fazer:
- O perfil do seu público original combina com suas novas anotações de meta, público e marketing?
- Há públicos de segundo e terceiro níveis que você precisa descrever?
- Quão bem os públicos-alvo que você descreveu combinam com seus principais clientes atuais? Quais são as semelhanças? Quais são as diferenças?

Agora pense novamente a respeito daquelas metas profissionais na sua lista de prioridades. Sua principal meta profissional deve refletir sua definição de sucesso este ano. Existe a possibilidade de que seu principal e atual cliente o ajude a alcançar sua meta profissional?

Suponha que você seja um conselheiro motivacional, alguém que ajuda as pessoas a esclarecer suas visões de sucessos para seus negócios ou carreiras. Atualmente, sua agenda está repleta de pessoas que você aconselha durante sessões de uma ou duas horas e que depois seguem em frente. Poucas retornam como clientes após as primeiras sessões. Elas gostam de você e apreciam os resultados, mas dizem que o dinheiro é a razão por que não voltam.

Agora suponha que a sua principal meta profissional seja trabalhar mais tempo com seus clientes em um programa de treinamento de cinco semanas. Você gostaria de cobrar mais pelo programa do que suas sessões, e sua meta consiste em dois resultados desejáveis: aumentar seu rendimento com a mesma quantidade de tempo e assegurar uma fonte de renda por mais tempo.

Independentemente do quão feliz você esteja com seus principais clientes e a satisfação que eles têm tido com seu trabalho, é improvável que eles sejam o melhor público-alvo para seu novo programa. Por quê? Provavelmente, seu programa custará mais do que eles estão dispostos a pagar. Isso significa que você precisará identificar um novo público-alvo para sua meta profissional, que se interesse por aquilo que você tem a oferecer e que possa pagar o aumento de preço.

Você também precisa pensar a respeito dos seus atuais clientes que não se encaixam em nenhum público-alvo de suas metas de negócios. Talvez eles estivessem entre seus primeiros clientes quando você começou seu negócio, e sua visão tenha mudado com o tempo. Talvez você tenha aceitado quem quer que estivesse entrando pela porta. Talvez alguns deles não tenham sido agradáveis ou lucrativos, ou talvez o trabalho que você esteja fazendo para eles não se encaixe mais em suas metas. Você deve analisar cuidadosamente suas características para evitar atrair mais clientes problemáticos, e, certamente, não deve torná-los um público-alvo. Trata-se de uma decisão sua se gentilmente os deixará cientes de que é impossível atender suas necessidades ou se você apenas permitirá que eles se afastem gradualmente, mas é tão útil ter clareza a respeito de quem você *não* quer quanto saber quem você *quer*.

Para que seu marketing funcione com eficiência máxima, ele precisa focar não apenas em um público que *possa* comprar seu produto, mas em um que é, sem sombra de dúvida, *o mais compatível* com seu produto. Sempre haverá alguns clientes menos do que perfeitos que são casualmente inseridos, mas você não deve focar a venda neles. Você deve focar a venda em seu melhor cliente.

As pessoas que eram seus melhores clientes quando você começou podem não ser mais apropriadas à medida que sua empresa cresça e suas metas mudem. Tudo bem. É parte do ciclo de vida útil de um negócio. Você economizará tempo, energia e dinheiro sabendo o máximo que puder a respeito do seu melhor cliente para que sua mensagem acerte no alvo e resolva o problema/dor/temor dele. Uma das coisas mais assustadoras para empresários é fazer a transição de marketing de um público-alvo original, que atendeu às suas necessidades quando a empresa estava começando, para um público-alvo mais específico, que atenda a evolução de suas metas profissionais. Mas, a menos que você mude seu público para atender suas metas, seu marketing está fadado a fracassar. Seu público-alvo amadurecido simplesmente não será capaz de atender as necessidades do seu negócio, porque suas necessidades não estão mais sintonizadas com as necessidades deles.

Faça a mudança pensando nas qualidades que seu novo e melhor público-alvo teria — as metas, visões e dores/problemas/temores deles. O que fará com que eles superem o obstáculo ego/dinheiro? Agora comece a pensar onde esses novos membros estão se reunindo. Que tipos de eventos estão frequentando? A quais clubes ou associações pertencem? Que mídias sociais os atrairiam? Eles estão recebendo informações on-line ou através dos meios de comunicação tradicionais? Agora é um bom momento de empregar o que acabou de aprender para atualizar suas metas e seus públicos-alvo.

Faça uma análise SWOT de sua empresa

Quando você começou seu negócio, se for parecido com muitas empresas pequenas e profissionais autônomos, você focou no que fazia melhor para que as pessoas pagassem, e provavelmente não pensou muito nos concorrentes. Agora é uma boa hora.

Pense nas outras empresas que conheceu que fornecem produtos e serviços semelhantes aos seus. Elas podem ser locais, regionais ou nacionais. O escopo é determinado mais em relação de onde seus clientes-alvo estão buscando soluções do que se você se considera ou não uma empresa regional ou nacional.

Aqui estão algumas questões para serem levadas em consideração:

~ Quantas outras empresas fornecem um serviço semelhante na região?
~ Até onde os clientes-alvo irão para obter o que eu vendo?
~ Os meus clientes potenciais podem obter o que eles necessitam pela internet ou pelo telefone? (Se sim, você está competindo de forma regional e nacional.)
~ O que diferencia o meu produto, serviço e/ou entrega dos concorrentes?
~ Em que é muito semelhante?

- Como as empresas que admiro fornecem os produtos ou serviços que eu gostaria de fornecer daqui a dois anos?
- Como as outras empresas oferecem valor e conveniência?
- Como é o meu material promocional e site em comparação ao concorrente?
- O que é especial em relação às coisas que ofereço ou na maneira como faço negócios para fazer com que os meus clientes em potencial me escolham?

Agora que você colocou sua cabeça para pensar, está na hora de começar a análise SWOT (*Strengths, Weaknesses, Oportunities* e *Threats*) [forças, fraquezas, oportunidades e ameaças] de sua empresa. Pegue um pedaço de papel e reparta-o em quatro partes iguais. Marque as partes Pontos fortes, Fraquezas, Oportunidades e Ameaças. Agora preencha-as com o que você acabou de ler sobre sua empresa e seus concorrentes.

À medida que você direciona sua mensagem de marketing, vai querer enfatizar seus pontos fortes singulares (que inclui seu valor transformador) e ir atrás de oportunidades (incluindo novos clientes ideais ou nichos de clientes negligenciados que precisam daquilo que você tem para vender). Ao mesmo tempo, precisará ter ciência de suas fraquezas e tomar cuidado com as ameaças.

Lembra-se de quando eu lhe disse que todo mundo tem a própria definição de sucesso? Isso também vale para fraquezas e ameaças. Uma "fraqueza" do seu negócio pode ser o preço — os competidores vendem por um preço menor. Mas se seu preço é justificado por materiais ou uma habilidade superior, você poderá transformar essa fraqueza em força.

Ameaças também são uma questão de ponto de vista. Se você é um *personal trainer*, poderá pensar que todos os outros profissionais da cidade são ameaças. Contudo, a verdade é que muitos desses treinadores não estão atrás do seu público-alvo, porque estão buscando um outro alvo que se encaixa nas metas deles. Por exemplo, se você é um especialista em ajudar as mulheres a se manterem ativas durante e depois da gravidez e um outro treinador se especializa em treinar executivas atribuladas, você pode transformar essa "ameaça" em duas ótimas fontes de referências: recomendando clientes um para o outro à medida que elas tiram licença maternidade e retornam ao trabalho.

Lembrete de resultados

Conheça seus concorrentes e seus melhores clientes tanto como você conhece a si mesmo.

A Regra dos 30

Quais são as 30 características dos clientes-alvo que melhor se alinham com seu objetivo principal?

Exercícios

1. Reavalie seus principais clientes à luz das suas metas de negócios organizadas em ordem de prioridade.
2. Atualize seu público-alvo para alcançar seus objetivos.
3. Agora que você conhece seu SWOT, procure pontos fortes ocultos. Por exemplo, um concorrente íntimo pode tornar-se um parceiro, que transforma uma ameaça prévia em um aliado. Uma fraqueza atual pode tornar-se um ponto forte com um pequeno ajuste. Por exemplo, uma empresa que não tem uma sede física pode considerar isso uma fraqueza, ou pode reposicionar sua habilidade de operar com uma equipe que trabalha em casa usando um computador conectado com o escritório, e fazer trabalho virtual para clientes no mundo todo como um ponto forte.

CAPÍTULO 4

Extraindo gemas do plano de negócio

Agora que suas metas, prioridades, público-alvo e SWOT estão claros, chegou a hora de falar de dinheiro.

Orçando tempo e dinheiro

Um marketing bem-sucedido requer dinheiro ou um "equivalente em dinheiro". Um equivalente em dinheiro é o que você usa no lugar dele. Isso pode ser o tempo que você investe. Se você tiver mais tempo, pode economizar dinheiro. Se tiver menos tempo, pode ter o mesmo trabalho contratando ajuda. De uma maneira ou de outra, um marketing eficiente tem um custo.

Ouvi empresários afirmarem que eles tinham uma localização ou um produto tão bom que poderiam "fazer negócios por acaso". Essas localizações foram colocadas à venda após irem à bancarrota. O sucesso ocorre como resultado de trabalho árduo, estratégia e, sim, um pouco de otimização da sorte. Não acontece por acaso.

O que quero dizer por "otimização da sorte"? Otimização da sorte é o que ocorre quando você fez sua lição de casa e trabalhou tão arduamente quanto podia, e uma grande oportunidade surge na sua frente. Se você não estivesse preparado, não estaria pronto para aproveitar o máximo da oportunidade, ou talvez nem a percebesse. Mas você também não apenas teve sorte. Você se preparou e treinou para que reconhecesse a sorte quando ela aparecesse, e, então, estaria pronto para maximizar sua grande oportunidade. Definitivamente, não se faz negócios por acaso.

Olhe novamente para suas metas/públicos-alvo/atuais ações de marketing que você organizou de acordo com uma lista de prioridades. Se já fez uma tabela, acrescente mais uma coluna para "custos". Anote quanto acha que suas ações de marketing estão custando para atingir seu público-alvo. O custo pode ser de tempo ou de dinheiro. Pode ser o custo de contratar alguém para atualizar seu site ou elaborar seu portfólio, ou pode incluir impressões, tarifas de correio, propaganda e outras taxas. Você pode incluir as mensalidades referentes aos grupos com os quais você se associou para poder conhecer seu público-alvo. Faça as melhores estimativas que for capaz e depois dê uma olhada nos resultados.

Aqui estão algumas perguntas que você pode se fazer:
- Quanto você está gastando para cada meta?
- Você está gastando mais para atingir sua principal meta?
- O que você está desembolsando compensa as possíveis novas receitas que essa meta pode gerar?
- Você teria condições de desembolsar mais se alcançasse sua meta rapidamente?

Você poderá analisar algumas oportunidades para fazer algumas correções. Se está desembolsando mais para alcançar sua terceira prioridade do que sua principal, esse é um problema. Se está gastando mais para alcançar uma meta com menor potencial de receita do que uma com maior potencial, é hora de repensar. Se não está desembolsando nada, esperando fazer negócios por acaso, então está na corda bamba.

As mídias sociais são de graça. Não custa dinheiro filiar-se ao Facebook e ao Twitter, mas requer tempo colocar em ação uma estratégia de marketing utilizando essas mídias. Você não fará negócios simplesmente por ter aberto uma página no Facebook ou no Twitter. Caso não tenha tempo, precisará de dinheiro para contratar alguém que possa fazer isso no seu lugar. E caso tenha tempo para colocar em prática sua estratégia de marketing nas mídias sociais, ainda precisará de algum dinheiro para juntar todos os componentes do seu plano de marketing, para que ele trabalhe como nunca para alcançar suas metas.

Quanto é suficiente?

Vi todos os tipos de projeções em relação a orçamentos de marketing. Normalmente, a estimativa é apenas o suficiente para abranger os produtos ou serviços que o responsável por sua elaboração deseja vender.

Um padrão da indústria que se faz presente por muito tempo é 5% da receita. A ideia por trás de utilizar um percentual da receita como orçamento de marketing é que as despesas são recursos reinvestidos, e devem estar relacionadas com o seu desempenho. Vi empresas desembolsando muito menos e muito mais do que 5% e obtendo resultados que atendiam suas definições de sucesso. O mais importante é que você empregue o orçamento que tem.

Um orçamento de marketing igual a zero não vai ajudá-lo a manter a empresa no mercado durante muito tempo, e, certamente, não o ajudará a crescer. Se você realmente não tiver dinheiro, precisará arregaçar as mangas e suar a camisa. Se essa é sua situação, quantas horas você pode se dedicar ao marketing? Escreva e coloque uma estimativa do valor de sua hora de trabalho. Isso é o que você está desembolsando.

Caso já esteja gastando dinheiro e se sentindo confortável com esse investimento, certifique-se de que priorizou seu orçamento de acordo com suas metas prioritárias. Invista a maior parte do capital onde houver maior retorno ou onde alcançar a meta mais importante. (Esta é uma ótima forma de dizer não sem culpa aos vendedores daquelas "fabulosas" oportunidades de marketing.)

Caso você esteja disposto a investir mais para obter suas metas mais rapidamente, ou por saber que crescimento demanda mais recursos, então determine um valor que possa gastar e aloque-o entre suas metas organizadas por prioridades. Um orçamento financeiro não o obriga a gastá-lo, mas fornece uma ferramenta para priorizar novas oportunidades, e pode deixá-lo livre para investigar opções que talvez não tenha contemplado antes de saber qual era a disponibilidade para gastar.

Lembre-se de que seus esforços de marketing devem ser registrados em dinheiro ou em tempo gasto. À medida que estima seu tempo para completar outros projetos, certifique-se de ter tempo para seu investimento de marketing. A definição de um orçamento também cria uma maneira de avaliar resultados. Através do tempo você deve se perguntar se um método de marketing vale o investimento. Sabendo o que orçou em comparação com o valor que ele contribui para alcançar sua meta, você precisa decidir o que manter e o que mudar.

A diferença irresistível

Antes de deixarmos para trás os detalhes do seu plano de negócio, há um item sobre o qual precisamos conversar: sua "diferença irresistível". Você já conhece o seu valor transformador. Essa é a maneira pela qual você aborda as questões problema/dor/temor do cliente-alvo e supera a objeção ego/dinheiro dele. Sua diferença irresistível é o que atrai um cliente-alvo. Sua diferença irresistível deve fazer com que você acesse seu melhor cliente-alvo ou cliente. Ela deve vestir esse cliente assim como a calça favorita dele, não somente cobrindo o que é necessário, mas fazendo com que ele também se sinta maravilhoso.

Retorne às qualidades do seu melhor cliente. O que você pode oferecer no seu serviço, embalagem ou entrega que atenda à necessidade dele assim como também o seu desejo não expresso? Para alguns clientes, a conveniência é a coisa mais importante. Para outros, é valor, confiabilidade ou conhecimento. Você obterá ótimos insights em relação a uma poderosa estratégia de marketing ao procurar pela diferença irresistível, e também algumas boas ideias de onde encontrar e chegar aos seus melhores clientes-alvo.

Por exemplo, clientes que apreciam valor podem filiar-se a comunidades na internet dedicadas a economizar dinheiro. Esses podem ser locais ideais para você participar porque seu público já está lá. Clientes que gostam de marcas podem atribuir mais valor em ser membro de associações de profissionais e de ex-alunos, participando delas acima da média. Você pode considerar esses grupos como particularmente úteis para sua estratégia de marketing, porque eles aproveitam-se de qualidades que o *prospect* aprecia.

Sua diferença irresistível demonstra o quão bem você compreende os valores do seu cliente potencial através da escolha de mídias sociais e do tipo de conteúdo que você compartilha, como você estrutura seu produto/serviço, como você entrega seu produto e como você posiciona sua companhia no mercado.

À medida que você toma consciência da diferença irresistível que oferece para seu público-alvo, tome nota disso para que não esqueça de usá-la a seu favor.

Lembrete de resultados

Um marketing eficiente não é gratuito. Priorize seu dinheiro, tempo e esforço, e faça com que valha a pena.

A Regra dos 30

Quais são as 30 maneiras que você poderia ilustrar sua diferença irresistível para seus *prospects* e fregueses.

Exercícios

1. Determine seu orçamento de marketing para cada meta de negócio na lista de prioridades. Certifique-se de que o maior orçamento sustenta a principal meta.
2. Descubra quanto você realmente pode gastar em marketing este ano em termos de tempo e dinheiro. Rateie isso entre suas metas prioritárias.
3. Identifique sua diferença irresistível e comece a pensar em onde seus melhores clientes-alvo estão se reunindo.

CAPÍTULO 5

Criando um plano de ação

Agora você está pronto para criar um plano de ação para seu marketing. O plano de ação é a chave para o restante do seu sucesso em 30 dias, pois trata-se do seu mapa e de sua lista de coisas a fazer.

Seu plano de ação reúne todos as peças que você juntou até o momento e cria uma maneira de colocá-las em prática. Você não executará, em 30 dias, todos os itens do seu plano de ação, mas pode estabelecer a base para alcançá-los e realizar um verdadeiro progresso rumo à sua meta.

Para ser bem-sucedido seu plano de ação precisa ser detalhado. Metas vagas, tais como "Quero fazer mais negócios", não ajudam, porque carecem de detalhes que permitam que você aja na direção de tornar sua meta uma realidade.

Itens do plano de ação também devem auxiliar em pelo menos uma meta do plano de negócio, direcionando-se ao público-alvo específico dessa meta. Você já associou ações de marketing para cada meta/público. Essa é uma boa hora para olhar para aquelas ações de marketing e dividi-las em etapas menores. Isso lhe dará uma ideia mais clara do tempo e dinheiro — e ações específicas — necessários para fazer com que elas aconteçam.

Por exemplo, talvez a principal meta do seu plano de negócio seja obter mais visibilidade em relação a seus produtos e serviços. Você identificou o público-alvo e colocou "criar meu site de mídia social" junto à ação de marketing. Este é um passo na direção certa, mas não é o suficiente para começar de fato.

Vamos dividir "criar meu site de mídia social" em ações envolvendo várias etapas.

- ~ Identifique de um a três sites de mídias sociais que já alcançam seu público-alvo.
- ~ Inscreva-se para ter sua própria página em cada um desses sites, com um nome de usuário que é fácil para as pessoas localizá-lo.
- ~ Reúna as ferramentas básicas para criar seu perfil: foto digital atual, breve biografia e links para seu site e blog.
- ~ Leia as regras e condições do serviço.

- Procure por páginas de outros executivos, concorrentes ou principais profissionais da indústria para ver o que eles estão fazendo com o site. Faça uma lista do que você gosta e o que pode fazer que é semelhante.
- Verifique os tipos de comentários e perguntas que as pessoas estão fazendo nos sites de negócios de outros concorrentes. Que tipo de conversa você gostaria de iniciar?
- Visite os grupos que estão relacionados com sua especialidade. Quantos existem? Quantas pessoas em cada grupo? Quem está liderando o grupo, eles são profissionais ou amadores dedicados? Com que frequência as pessoas estão visitando e enviando mensagens para os fóruns de discussões nos grupos?
- Agora conheça as opções para construir sua página. Descubra que tipo de conteúdo você pode publicar, quais são os limites dos tamanhos de arquivos e quais dispositivos extras pode adicionar.
- Crie sua página básica. Preencha seu perfil e carregue alguns conteúdos tais como artigos, notícias, dicas, questões para os fóruns, fotos, vídeos, pequenas provas ou pesquisas.
- Convide 30 pessoas, diariamente, para serem seus amigos ou seguidores, começando com a lista de contatos do seu e-mail, um banco de dados de pessoas que aceitaram receber seus boletins, lista de clientes e cadastro.

~ Acrescente algo novo ou responda uma pergunta pelo menos duas vezes por semana como parte do seu compromisso diário de 30 minutos.

Você nota como as etapas de ação levam seu marketing a resultados práticos? À medida que você ler os capítulos restantes deste livro, não escreva apenas ideias de marketing. Transforme essas ideias em planos de ação e as associe às suas metas de negócios e ao seu público-alvo. Essa etapa fará uma extraordinária diferença nos resultados do seu marketing nas mídias sociais (e todo seu marketing), porque tornará claro o que você pode fazer para realizar suas metas.

Lembrete de resultados

Se uma meta ou uma estratégia de marketing parece ser muito intimidante, divida-a em etapas, e, então, cuide de uma etapa por vez para realizá-la!

A Regra dos 30

Seus 30 minutos diários para marketing devem progredir sempre ou alcançar um dos itens prioritários do seu lano de ação.

Exercícios

Olhe novamente para as ações de marketing que você identificou. Você pode dividir cada ação de marketing em um plano de ação com três a cinco etapas que poderiam ser resolvidas em 30 minutos por dia?

CAPÍTULO 6
Descobrindo sua verdadeira história e voz

Você já percebeu como algumas empresas mudam a cada campanha de marketing? Você alguma vez viu uma empresa apresentar uma identidade totalmente diferente dependendo se você vai ao seu site, lê um panfleto, os vê em um outdoor, ou em um comercial?

Muitas empresas têm um mix de materiais de marketing que foram criados ao longo do tempo, frequentemente por muitas pessoas diferentes. Algumas empresas aparentam avançar com dificuldade, de estratégia em estratégia, nunca investindo o tempo necessário para permitir que qualquer abordagem crie raízes e tenha sucesso. Os clientes ficam confusos, porque a empresa parece não conhecer sua própria identidade. Para piorar, uma empresa que muda sua identidade todo mês pode parecer inconstante, até mesmo sem credibilidade.

A internet complica essa incoerência, porque é mais fácil do que nunca para os *prospects* pularem de um site para outro, e se a identidade de sua empresa aparenta mudar entre seu site, blog, folheto digital, artigos e sites de mídias sociais, seus clientes-alvo começarão a se perguntar qual é sua "verdadeira" identidade.

Uma das maneiras mais fáceis de corrigir isso é descobrir a verdadeira história de sua empresa, e a Voz que é exclusivamente sua. Essa técnica funciona particularmente bem nas mídias sociais, porque elas foram elaboradas para terem um tom pessoal e de conversa.

Contando sua verdadeira história

Lembra do problema/dor/temor que impulsiona seu cliente-alvo além das objeções do ego e dinheiro para procurar ajuda? Sua verdadeira história deverá demonstrar como você resolveu um problema/dor/temor muito semelhante para outra pessoa, alguém com o qual o leitor possa se identificar.

O formato de história é especialmente eficaz para compartilhar essa informação, porque seres humanos, até mesmo na era da internet, prestam atenção em boas histórias. Histórias vendem. E a mídia social é o instrumento ideal para contar histórias, e a um público global. Não somente isso, mas sites como Facebook e Squidoo facilitam contar a história com a utilização de fotos, áudio, vídeo e texto, claro. Mas, primeiramente, você precisa encontrar a história correta.

Qual é a história do seu negócio? Se você acha que seu negócio não tem uma história para contar, aqui estão cinco maneiras de revelar sua verdadeira história:

A história do proprietário. Alguns tipos de histórias tocam profundamente as pessoas. Histórias sobre segundas oportunidades, sucessos de quem venceu por esforço próprio e reinvenções comunicam-se com crenças profundamente enraizadas sobre quem somos. Conheci uma empresária que veio aos Estados Unidos, como aluna de intercâmbio, da China, educou-se e conheceu o marido em solo norte-americano. Devido a um colar de pérolas presenteado por uma tia da China, que conhecia um fazendeiro de pérolas, essa mulher e o marido atualmente são proprietários de um negócio de importação de pérolas e ourivesaria. Sua história de adaptação, enquanto mantinha suas raízes, lhe proporcionou cobertura da imprensa e uma exposição favorável para seu negócio.

A história do produto. Qual necessidade seu produto atende? O dono de uma cadeia de lavanderias que conheci, compreendeu que ele não apenas fornece roupas limpas às pessoas — ele as ajuda a demonstrar seu amor às suas famílias e ter sucesso no ambiente de trabalho por terem uma aparência limpa e elegante. No bairro de sua cidade, que tem novos imigrantes tornando-se mais prósperos, família e autoestima são valores extremamente importantes. Seus serviços ou produtos oferecem às pessoas segurança, boa saúde ou a oportunidade de terem sucesso? Qual é a necessidade que motiva seu cliente a comprar?

A história do seu negócio. Seu negócio superou adversidades? Aclamamos a empresa que encontrou uma maneira de retornar após o 11 de Setembro no bairro de Tribeca, em Nova York ou após o furação Katrina, em Nova Orleans. Sua empresa superou momentos difíceis, uma competição desproporcional ou uma crise de sucessão e retornou ainda mais forte? As pessoas adoram uma história de recuperação (note que o Rocky Balboa rendeu seis filmes!).

As histórias dos seus clientes. Vá além das referências. Um estudo de caso relata a história de um problema e como sua empresa o resolveu — mas é, na verdade, a história de um herói, um dragão e uma dama em perigo. O dragão é o problema do negócio — por exemplo, um projeto extremamente atrasado e um custo acima do que foi orçado. Sua firma é o herói e o cliente é a dama em perigo. Toda boa aventura tem algumas mudanças inesperadas para manter nosso interesse — quais foram os desafios para matar o dragão? Você perdeu funcionários indispensáveis para o projeto quando mais precisava deles? Um componente imprescindível do equipamento quebrou ou ocorreu um atraso no seu embarque? Detalhes como esses tornam sua história convincente. E vem, então, o final feliz: como sua empresa resolveu o problema, e o que isso representou para o cliente (uma significativa economia de dinheiro, incremento da produtividade, a capacidade de competir em novas mercados).

A história de sua missão. Sua empresa é parte de sua missão de vida? Você deseja um mundo melhor através de um produto ou serviço que oferece? Talvez você tenha se tornado um advogado porque se aproveitaram de alguém da sua família, e você quer certificar-se que outros terão justiça. Talvez você tenha aprendido artes marciais porque foi roubado e acabou abrindo uma academia para ajudar outros a se sentirem seguros. Sua missão vai além da sua história pessoal para ter um impacto maior e fazer diferença no mundo. Até o negócio mais simples pode ter uma missão. Talvez você conserte carros, mas seu compromisso é o de manter as pessoas longe do perigo por falhas mecânicas. Como você faz a diferença?

Contar a verdadeira história do seu negócio cria uma poderosa conexão com o cliente-alvo. Pode ser o trampolim para uma fascinante cobertura da mídia. Ela pode diferenciá-lo dos concorrentes em que eles não possam copiar. Uma vez que você conte sua verdadeira história, ela afetará a maneira como você se comunica sobre seu negócio e como pensa a respeito de si mesmo, dos seus produtos e clientes.

O poder da sua verdadeira voz

Muitas pessoas adiam realizar o marketing de suas empresas porque não se sentem autênticas quando encontram-se na "modalidade de venda", ou creem que marketing é intrinsecamente mentiroso. Como você se sentiria realizando o marketing para sua empresa se fosse completamente autêntico e sincero? Você seria capaz de superar quaisquer instruções na infância de não se gabar de suas habilidades e realizações se as palavras fossem espontâneas, honestas e confortadoras?

Usar sua verdadeira voz para promover sua empresa parece espontâneo, soa autêntico, e parece fluir. A verdadeira voz da sua empresa está nas palavras através das quais você a descreve, na maneira como os outros apresentam você e o seu negócio e a forma como os clientes expressam sua satisfação. Muitas empresas nunca reconhecem ou empregam sua verdadeira voz, então, suas ações de marketing soam planejadas, comuns ou mentirosas.

Aqui estão quatro dicas para encontrar e empregar a verdadeira voz do seu negócio:

~ Escute a si mesmo. A próxima vez que alguém lhe perguntar o que você faz ou para lhe contar a respeito de sua empresa, escute a si mesmo à medida que fala. Se você desenvolveu uma "conversa de elevador", anote-a e estude-a. Que verbos você está empregando? Que adjetivos? Que substantivos? Faça uma lista — você voltará a ela assim que praticar os conselhos.

- Ouça seus clientes. Leve alguns dos seus melhores clientes para almoçar e peça para que lhe digam o que gostam na sua empresa. Explique que você está repensando seu marketing e quer certificar-se que está no caminho certo. Ou observe os cartões com comentários e e-mails enviados por clientes satisfeitos e olhe as palavras que eles empregam. Novamente, anote substantivos, verbos, adjetivos e frases que aparecem. Algumas aparecem mais de uma vez? Grife as palavras e frases que são frequentemente empregadas.
- Ouça seus funcionários. Pergunte para os melhores o que eles mais gostam em relação ao que fazem. Peça que lhe contem a respeito de como eles ajudam os clientes. Estimule-os a descreverem o negócio e seus produtos — e as soluções que você oferece. Que problema ou necessidade pensam que estão resolvendo? Acrescente as principais palavras e frases na sua lista.
- Ouça seus amigos. Caso você seja apresentado por um colega em um departamento de uma empresa, que palavras ele emprega para descrever seu negócio e serviço? Qual é o problema que ele diz que você resolve? Leia novamente seu material de marketing. As mesmas soluções ou frases aparecem frequentemente? Anote-as.

Agora você possui uma lista de palavras-chave e frases que naturalmente descrevem o que você faz, quem você serve e que benefício oferece. Para usar sua verdadeira voz, pegue as palavras e frases mais poderosas de sua lista e busque maneiras de empregá-las durante sua comunicação oral e escrita.

Quando empregar essas palavras e frases da verdadeira voz, irá sentir-se honesto e à vontade, porque as palavras brotam de quem você realmente é e da missão de sua empresa. Descobrirá que palavras facilitam a diferenciação dos seus serviços, porque elas vêm de suas qualidades e dos benefícios tangíveis que ofereceu aos seus clientes.

Usar intencionalmente a verdadeira voz de sua empresa fará com que sua mensagem nas mídias sociais seja singular, convincente e espontânea, e você se sentirá mais à vontade e confiante compartilhando uma informação que lhe faça sentir-se bem.

Lembrete de resultados

Sua verdadeira história relatada na sua verdadeira voz é memorável, crível e convincente.

A Regra dos 30

Quais são as 30 palavras ou frases que surgem espontaneamente à medida que você fala a respeito do seu produto, serviço e resultados?

Exercícios

1. Identifique sua história. Agora, pense em como você pode compartilhá-la através das mídias sociais. O texto é importante, mas áudio e vídeo também são poderosos.
2. Analise seus folhetos, páginas na web e materiais de venda à medida que compila sua lista de 30 palavras e frases de sua verdadeira voz.
3. Uma vez que tenha completado a lista, mantenha-a à mão quando escrever blogs, dicas no Twitter e conteúdo para sites de mídias sociais.

CAPÍTULO 7
Preparando a arapuca

A convenção do marketing alega que no mundo saturado de propagandas de hoje leva-se pelo menos de sete a 30 ações ou lembretes antes de um consumidor reagir. Embora isso pareça muito, se você pensar como consumidor, começa a fazer sentido. Suas mídias sociais podem ser responsáveis por vários desses 30 toques. Mas para ser eficiente você precisa pensar como toques tornam-se transações.

Ações e trigger points

Diariamente conseguimos ignorar centenas de milhares de mensagens de propaganda, principalmente porque elas fazem propaganda de produtos que no momento não temos vontade de adquirir. A palavra-chave é "no momento".

Quando você percebe que precisa de um produto ou serviço, repentinamente você sintoniza as mensagens relacionadas ao que está precisando.

A situação que altera tudo é o *trigger point*. Trata-se de um evento em que o cliente tranforma-se de alguém que não pensou em efetuar uma compra, ou que tem olhado despreocupadamente para vitrines de loja, para uma pessoa que necessita adquirir algo neste momento. O vendedor normalmente não pode alterar o *trigger point* (embora vendedores procurem influenciá-lo com liquidações e ofertas), mas você pode certificar-se de que está realizando ações suficientes para que quando um evento transforme um cliente-alvo de espectador em comprador, ele pense na empresa.

Vamos empregar como exemplo a aquisição de um carro. Se seu automóvel é razoavelmente novo e está em boas condições de funcionamento, você, provavelmente, não está pensando em comprar um novo. Você, provavelmente, ignora anúncios de carros, e-mails de concessionárias ou comerciais sobre grandes ofertas. Ou talvez você esteja pensando em adquirir um automóvel novo — algum dia. Você ocasionalmente pode ler anúncios de veículos, visitar as páginas de concessionárias na internet, prestar certa atenção aos comerciais e até mesmo reduzir a velocidade ao passar por uma concessionária para dar uma boa olhada. Mas, por enquanto, você está só olhando.

Então, ocorre um evento deflagrador. Seu carro envolve-se em um acidente, e para arrumá-lo custará mais que seu valor atual. De repente, você está no mercado para comprar um carro novo, e precisa de um agora. Até a ocorrência do evento desencadeador, não havia muito o que as concessionárias de carros pudessem fazer para acelerar sua compra. Você comprou um veículo quando precisava de um. Proprietários de negócios, frequentemente, se esquecem de que o ciclo de aquisição é impulsionado mais pela necessidade do cliente do que por liquidações e ofertas especiais. Mas há uma coisa muito importante para se lembrar: quando um cliente passa de alguém que vê vitrines para um comprador, a empresa que realizou o maior número de ações de marketing é a primeira da fila.

Retorne ao exemplo do carro. Quando o *prospect* via vitrines, a concessionária com a melhor página na internet, ou o showroom que foi cortês em relação a um test drive sem compromisso, provavelmente será o primeiro local que o *prospect* visitará quando passar de alguém que vê vitrines a um comprador. Essas "ações" valem a pena pois seu produto ou serviço será o primeiro a ser lembrado pelos consumidores.

Onde entram as mídias sociais? As mídias sociais oferecem uma maneira sociável e não estressante de permanecer no primeiro plano da consciência do cliente-alvo com "ações" em relação a um assunto, quando há interesse mas nenhum evento desencadeador para uma compra imediata. Ele também pode manter sua empresa em contato com seus clientes atuais de tal modo que quando acréscimos ou atualizações tornam-se necessárias você é o primeiro na fila para obter o negócio.

O fundamental aqui é não considerar as mídias sociais como uma maneira de fornecer uma grande quantidade de mensagens de "compre agora". Em vez disso, pense em como você pode engajar seu *prospect* em uma conversa a respeito do produto ou serviço que vende, com o foco imediato em fornecer informações úteis relacionadas com problema/dor/temor.

Alguns grandes exemplos disso são conselhos, vídeos de como realizar algo, áudios curtos, vínculos com recursos interessantes como artigos, exposições sobre o assunto, publicações no blog, entrevistas e sessões de perguntas e respostas. Páginas na internet como Facebook ajudam você a compartilhar conteúdo multimídia, revelam a personalidade de sua empresa e permite que você compartilhe sua verdadeira história em um ambiente não estressante. O Twitter é uma ótima maneira de fornecer dicas, perguntar, compartilhar links com recursos relacionados, comentar a respeito de manchetes sobre seu produto ou serviço e até realizar pesquisas de opinião.

Ainda que você normalmente não consiga concluir uma venda antes de o cliente passar por um evento desencadeador, uma vez que você tenha estabelecido uma relação, tem a oportunidade de instruir o *prospect*. Talvez o melhor momento para adquirir um novo equipamento não é quando o antigo quebra. Talvez haja vantagens quando o objeto é dado como sinal ou parte do pagamento, ou haja benefícios ao adquirir em um prazo mais curto. Talvez você possa apontar vantagens que lidam tão melhor com o problema/dor/temor do que o antigo produto oferece que o *prospect* decide antecipar a compra. Você alterou o evento desencadeador através da educação, e devido ao fato da sua empresa ter fornecido a informação você, provavelmente, será o primeiro da fila para obter a venda.

Quando alguém assina seu blog, página no Facebook ou Twitter, ele está concordando em receber suas atualizações (informações) regularmente. Se você compartilha informações que atendem às necessidades dele, essa atualização possui uma dupla responsabilidade: faz com que o *prospect* se lembre de você (uma ação) e fornece informações úteis (estreitando seu relacionamento). As mídias sociais fazem com que se manter em contato seja mais fácil e mais econômico (e menos invasivo) do que nunca à medida que ações preparam um evento desencadeador.

Lembrete de resultados

O uso de uma estratégia de ações mantém você em evidência fornecendo informações úteis que seu público-alvo deseja e precisa, sem a pressão de comprar.

A Regra dos 30

Qual é o conteúdo que você pode oferecer fazendo 30 valiosas ações?

Exercícios

1. Suas ações nas mídias sociais podem apresentar aos seus clientes-alvo seu site e blog. Como você pode usar essas ações para estreitar sua relação com seus *prospects*?
2. Há algo que você possa oferecer aos seus clientes-alvo que possui um evento desencadeador, que agregaria valor aos seus processos de tomada de decisão?
3. Qual conteúdo você pode compartilhar através das mídias sociais que aumentaria sua credibilidade e confiança antes do evento desencadeador do seu cliente-alvo?

CAPÍTULO 8

Criando um plano de marketing para as mídias sociais

Chegou a hora de juntar o que você aprendeu e transformar tudo em um plano para aplicar nas mídias sociais como uma das suas principais ferramentas de marketing. Para isso, você empregará um mix de coisas que aprendeu nos Capítulos de 1 a 7 junto com as novas informações que verá nos capítulos seguintes.

Juntando tudo

Comece com suas metas profissionais, público-alvo, ações de marketing e orçamento. Caso você ainda não tenha feito isso, achará útil organizar uma tabela da seguinte maneira:

Meta profissional	Público-alvo	Marketing atual	Orçamento	Mídias Sociais
Meta nº 1	Público-alvo nº 1	Ações 1, 2, 3	$$$	
Meta nº 2	Público-alvo nº 2	Ações 4, 5, 6	$$	

Perceba que eu acrescentei uma coluna para mídias sociais. À medida que você aprender sobre as principais mídias sócias e suas qualidades, pense como esses sites podem se encaixar no seu plano de marketing. Independentemente de quais sites você escolher, eles devem cumprir as seguintes regras:

~ Ajudar a alcançar uma meta profissional específica e prioritária.
~ Dirigir-se a um público-alvo relacionado com suas principais metas profissionais.
~ Reforçar ou substituir esforços de marketing relacionados com essas metas/públicos-alvo.
~ Ater-se ao orçamento destinado à meta/público-alvo.

Uma observação sobre mídias sociais e orçamento: a maioria das mídias sociais não é gratuita? Sim, em relação a não possuírem uma taxa de filiação. Como você rapidamente descobrirá, as mídias sociais exigem um trabalho árduo, e se você não for disciplinado isso pode tomar seu tempo e impedi-lo de realizar outras tarefas. Há também sites aos quais você pode filiar-se que são semelhantes às mídias sociais gratuitas, mas que atendem a públicos específicos, tais como proprietários de empresas e sites, que são desenvolvidos e mantidos por seus membros. Esses normalmente cobram algum tipo de taxa de inscrição mensal para acessar seus fóruns, perfis, bibliotecas e diretórios de outros membros. Se você encontrar um desses sites pagos e achar que ele oferece um público ideal, certifique-se de levar em conta o custo anual de adesão assim como o tempo necessário para manter uma presença constante em um outro site.

Os próximos capítulos abordarão detalhadamente informações sobre alguns dos sites de mídias sociais mais populares, incluindo Facebook, LinkedIn, Squidoo, YouTube e Twitter. Cada um desses sites tem uma personalidade e uma cultura singular. Por esse motivo, eles atraem públicos-alvo distintos e têm a capacidade de desempenhar funções diferentes na sua estratégia de marketing. Mantenha a tabela do seu plano de marketing à mão, à medida que você lê, e faça anotações relacionando a mídia social à meta/público-alvo do negócio, assim como ideias de como você pode usar esses sites para reforçar ou alavancar seus atuais esforços de marketing.

A verdade sobre as mídias sociais

Apesar da empolgação em torno das mídias sociais, a verdade é que elas, provavelmente, não irão recuperar sua empresa sozinhas, torná-lo milionário ou fazer com que suas vendas aumentem significativamente. As mídias sociais são uma ferramenta, da mesma maneira que relações públicas, eventos, anúncios em rádios e mala direta são ferramentas de marketing.

Assim como as ferramentas na sua garagem, algumas ferramentas de marketing são mais apropriadas para determinados fins que outras. Nas mãos de um artesão especializado, um simples martelo e serra podem criar um móvel caro e singular. Para a maioria das pessoas, um martelo e uma serra podem ajudar a economizar dinheiro ao cuidar de reparos domésticos. A consequência depende da habilidade do usuário e o resultado final desejado, embora as ferramentas sejam as mesmas.

Para um pequeno grupo de "especialistas", as mídias sociais têm sido um caminho para a fama e fortuna. Muitas daquelas renomadas estrelas das mídias sociais na verdade desembarcaram nelas com uma grande lista de contatos, uma linha de produtos já conhecida, uma agenda de palestras ao redor do país, reconhecimento da marca devido a sucessos profissionais anteriores e o benefício de estarem entre os primeiros num meio de comunicação emergente. Em outras palavras, as mídias sociais aumentaram o sucesso que eles já haviam construído em outros lugares.

Trata-se de um importante choque de realidade, porque ainda há uma fantasia que as mídias sociais podem tornar qualquer um milionário. Quanto mais você compreender como as mídias sociais funcionam e quanto mais capaz for de criar sites e conteúdos que atendam perfeitamente seu melhor público-alvo, mais bem-sucedido você será. Aliás, não há almoço grátis, até mesmo nas mídias sociais.

Então, o que as mídias sociais podem e não podem fazer para o seu negócio? Aqui está uma tabela para comparação:

O que a mídia social pode fazer	O que a mídia social não pode fazer
Aumentar sua visibilidade diante de clientes, potenciais clientes e da mídia.	Vender um produto de qualidade ruim ou malposicionado no mercado.
Ajudá-lo a interagir com mais facilidade e frequência com importantes contatos profissionais.	Torná-lo um milionário de um dia para o outro.
Permitir que você se conecte com pessoas do mundo inteiro sem gastar uma fração dos custos tradicionais.	Obrigar as pessoas a adquirirem um produto que não atende suas necessidades.
Melhorar o destaque do seu programa de busca.	Compensar um site na internet extremamente mal-elaborado.
Aumentar a probabilidade de um contato bem-sucedido com repórteres, blogueiros, revisores e líderes de opinião, que podem endossar seu produto.	Garantir que sua história será fisgada em uma matéria de capa numa renomada revista.
Apresentar novos *prospects* para seu funil de vendas e elaborar sua lista de e-mail.	Manter as pessoas interessadas se a mensagem não for importante.

Quando usada de forma estratégica, com conteúdo de qualidade e um público-alvo cuidadosamente escolhido, a mídia social torna-se econômica, extremamente personalizada, ajustável e importante maneira de alcançar todas as metas da coluna esquerda da tabela.

A mídia social funciona melhor quando é respaldada por um vigoroso programa de marketing on-line e off-line. Por exemplo, não é de muita ajuda suas mídias sociais serem ótimas para enviar pessoas para seu site se este não for bem-elaborado e não conseguir converter indivíduos que somente olham as vitrines em compradores ou assinantes da sua newsletter. Você pode realizar um ótimo trabalho conhecendo *prospects* nas mídias sociais, e talvez até mesmo repórteres e produtores de eventos, mas lembre-se de que eles examinarão minuciosamente toda sua apresentação antes de decidirem fazer negócios com você. Esse é o motivo pelo qual é tão importante ter um bom site, uma lista de contatos que gostariam de receber seus boletins periódicos e alguns downloads de bônus para os participantes de sua lista de e-mail, folhetos digitais, links de áudios e vídeos e um kit de venda ou de palestras que podem ser baixados.

Simultaneamente, a presença nas mídias sociais está tornando-se algo tão esperado das empresas quanto ter um site. Muitos consumidores pensariam duas vezes antes de fazer negócio com uma empresa que não tivesse site na internet. À medida que um número crescente de consumidores começa a usar as mídias sociais como uma ferramenta de trabalho e de interações pessoais, sua ausência será percebida de forma negativa.

Quando você se associa às mídias sociais, é um recém-chegado. Você não mudaria para um novo bairro e começaria a bater nas portas dos seus vizinhos para vender algo a eles, então, também não deve ser agressivo no seu novo ambiente virtual. Leve a sério a questão "comunidade" e procure maneiras de acrescentar valor, ajudar os outros, fazer contatos e divertir-se. Concentre-se em ser uma importante peça da comunidade e será recompensado.

Mídias sociais também são essenciais em marketing porque constituem uma das maneiras mais econômicas de criar uma rede numa escala global 24 horas por dia, sete dias por semana. Como você já viu, por meio de downloads, áudios e vídeos as mídias sociais podem fornecer amostras de produtos, ao mesmo tempo em que incrementam sua credibilidade e visibilidade.

Alguns mitos a respeito das mídias sociais

Mito nº 1: Mídias sociais são apenas para crianças. É verdade que o Facebook começou como uma plataforma apenas para universitários das melhores faculdades. Mas isso é uma história antiga. Analise o Facebook, YouTube e Twitter e encontrará gigantes do marketing como a Mayo Clinic, AARP, 3M e outras empresas que compreendem o valor de estar onde seus clientes se reúnem.

Navegue por perfis e verá que as mídias sociais não são somente para adolescentes. Um grande e crescente percentual de usuários tem mais de 30 anos. Não faltam sites para mulheres de meia-idade, aposentados, pessoas de meia-idade que mudam de carreira e outras pessoas, com 40, 50 anos ou até mais velhas.

Mito n° 2: É apenas uma moda passageira. Foi isso que alguns críticos de música também afirmaram a respeito dos quatro garotos de Liverpool quando eles apareceram pela primeira vez no show do apresentador Ed Sullivan. Mas, assim como os Beatles, as mídias sociais chegaram para ficar, e estão se tornando uma poderosa força cultural. Estudiosos reconheceram a importância das mídias sociais nas eleições presidenciais americanas de 2008, e as principais organizações de notícias solicitam que seus leitores enviem notícias e vídeos de fatos relevantes. Atualmente, as mídias sociais são um componente intrínseco da comunicação global, e se você as ignora é por sua própria conta e risco.

Mito n° 3: As mídias sociais são tudo de que você necessita. Raramente é uma boa ideia usar somente as mídias sociais como ferramenta de marketing. Alguns dos primeiros usuários das mídias sociais no mundo dos negócios têm histórias de sucesso lendárias que serão difíceis para qualquer pessoa chegar perto, agora que essas mídias tornaram-se ferramenta de marketing. Há um benefício inconfundível em ser o primeiro em qualquer nova mídia. A questão não é se você pode encontrar uma história sobre alguém que usou somente as mídias sociais para construir um império de marketing; mas se você pode alcançar suas principais metas profissionais acrescentando as mídias sociais ao seu mix de marketing

Mito n° 4: Quantidade é mais importante que qualidade. Você não ficaria à frente de uma audiência nacional e falaria por horas sem anotações. Estaria desperdiçando uma oportunidade. Da mesma forma, juntar o maior número de mídias sociais que você conseguir e depois abandoná-las não é uma boa estratégia. Nem encher o site com conteúdo disperso, ponderações pessoais ou reclamações sobre política. Se você não falaria sobre isso em uma reunião de negócios ou na televisão, não fale sobre isso nas mídias sociais. Empregue sua estratégia de marketing para fornecer um conteúdo valioso de apoio para suas metas profissionais para resolver o problema/dor/temor do seu público-alvo e limite o número de mídias sociais àquelas que você possa participar ativamente.

Mito n° 5: Estou muito ocupado para adicionar mídias sociais. Como a maioria das coisas que vale a pena ter, as mídias sociais exigem um investimento de tempo e esforço. Todo mundo está ocupado, mas as pessoas arrumam tempo para as prioridades. Esse é o segredo por trás do Guia dos 30 dias. Alocando 30 minutos diários para as mídias sociais, durante um mês, você conseguirá colocar suas mídias sociais em atividade. Continuando a investir 30 minutos diários (ou treinando um assistente para ajudá-lo), você pode expandir essa presença e colher frutos

Lembrete de resultados

As mídias sociais vieram para ficar. Como você pode acrescentar valor para alcançar suas metas?

A Regra dos 30

Quem são os primeiros 30 contatos que você convidará para seu novo site?

Exercícios

1. Diariamente, leia um capítulo deste livro. Depois, passe 30 minutos aplicando o que leu.
2. Escolha até três mídias sociais descritas neste livro. Em 30 minutos diários, no decorrer de poucos dias, você pode:
   ~ Abrir uma conta.
   ~ Construir seu perfil.
   ~ Carregar uma cópia inicial, links e outras informações
   ~ Convidar os atuais clientes, colegas e potenciais clientes da sua lista de e-mails.
   ~ Conheçer a "vizinhança" navegando por outros perfis, realizando um exame minucioso de grupos de interesse, e vendo o que as outras pessoas

anunciam e que tipos de páginas têm uma aparência profissional e oferecem conteúdos importantes.

~ Leia as regras para que você não provoque a remoção ou o bloqueio do seu site por um administrador.

3. Comece a reunir uma lista de temas e tópicos para discutir, conselhos para compartilhar, artigos e vídeos para carregar ou links para publicar. Acrescente alguns por semana para manter seus sites ativos.

4. Uma vez que você tenha convidado o maior número possível dos seus contatos "da vida real" para serem seus amigos ou acompanharem seu site, gradualmente comece a convidar outros usuários que você não conheça. Faça um convite pessoal e relacionado a um interesse comum, tal como filiar-se a um grupo on-line ou off-line.

5. Faça disso parte do seu compromisso de 30 minutos: acrescentar até 30 pessoas novas toda vez que estiver conectado. Não faça isso de uma vez, ou poderá ser classificado como *spam*.

6. Comece a participar da conversa. Reserve dez minutos do seu tempo para localizar um comentário em pelo menos um fórum ou blog que possui um tópico relacionado com sua especialidade. Certifique-se de possuir

sempre uma assinatura que traga o nome de sua empresa, site e e-mail para que alguém que goste do seu anúncio possa encontrá-lo.
7. Procure maneiras de criar valor. Além do seu próprio material, compartilhe links com artigos, publicações no blog e vídeos interessantes relacionados com seu assunto. Envie bons comentários, acrescente observações perspicazes a manchetes relacionadas com sua especialidade e seja útil.
8. Faça com que a sua personalidade apareça através de fotos e vídeos, do seu bom-humor profissional e pessoal além da sua visão sobre assuntos correntes. Mantenha o profissionalismo, porém usar um perfil mais pessoal faz com que as pessoas o conheçam melhor.

CAPÍTULO 9
Estou no Facebook. E agora?

O Facebook é como uma reunião global que funciona 24 horas por dia, sete dias por semana. Trata-se de um site que encoraja as pessoas a se apresentarem (educadamente) a desconhecidos e convidá-los a tornarem-se "amigos". Ele facilita enormemente o compartilhamento de informações multimídia, tornando-se mais valiosa do que a habitual troca de cartões pessoais. Não somente isso, mas no Facebook há conversas interessantes — ocorrendo 24 horas por dia e ao redor do mundo —, das quais você pode participar, acrescentar valor, encontrar bons *prospects* e demonstrar sua especialidade.

Não esse tipo de "amigo"

No Facebook não há problemas em conversar com desconhecidos. De fato, é recomendado se você planeja utilizar o site para fazer negócios. Se você fosse a um almoço e somente conversasse com pessoas que já conhecesse, não conseguiria muitos novos negócios. Funciona do mesmo modo no Facebook.

Alguns dos indivíduos que são seus amigos no Facebook serão pessoas que você realmente conhece na vida real, pessoalmente ou por meio de um prévio contato via e-mail. O Facebook é um importante modo de manter contato com essas pessoas. Contudo, o verdadeiro valor do Facebook está na facilidade de encontrar pessoas que podem tornar-se clientes que você provavelmente jamais encontraria na vida real.

É claro, assim como em um evento ao vivo, há cortesias que devem ser observadas. Esse é um dos motivos pelos quais é tão importante ler as regras, para que você compreenda a cultura do site e as expectativas dos usuários. Também é uma boa ideia observar por algum tempo o que os outros fazem antes de participar. Enquanto você se prepara para conhecer novas pessoas no Facebook, procure por algo que indique que elas possam estar interessadas na sua especialidade ou tipo de negócio.

Há duas maneiras de fazer isso: membros de grupos e amigos dos amigos. Quando você se associa (ou começa) um grupo sobre determinado assunto, a probabilidade é que os outros membros compartilhem um interesse. Então, se você é um especialista em *life coaching** associando-se a grupos que falam a respeito de um equilíbrio entre sua vida profissional e pessoal e redução de estresse, pode ser bom encontrar pessoas com interesses semelhantes. Você também pode encontrar um renomado autor, palestrante ou formador de opinião que tem muitos seguidores e apresentar-se para outros "amigos" desse especialista como um "amigo" em comum, com interesses semelhantes.

E se alguém que você não conheça o adiciona como "amigo"? Tudo bem. Trate isso como se você estivesse em uma reunião e uma pessoa que você não conhecesse se apresentasse. Vocês iriam ter uma conversa educada, trocar cartões pessoais e descobrir maneiras de como poderiam ajudar um ao outro. Você não compartilharia informações pessoais ou financeiras, ou outras informações "sigilosas". Mantenha o mesmo tipo de bom-senso no mundo virtual, e provavelmente não terá problemas. Se você adicionar um amigo que se tornar rude, inoportuno ou inadequado, você pode facilmente bloqueá-lo e "deixar de ser seu amigo".

---

* Profissionais de *life coaching* procuram fazer com que seus clientes encontrem um equilíbrio entre as exigências profissionais e as necessidades pessoais. (*N. do T.*)

Facebook e negócios

Se você pretende usar sua página no Facebook principalmente para negócios, crie uma Fanpage em um formato definido para negócios. Deste modo, se você também quiser uma página no Facebook para uso pessoal, pode criar uma permitindo seu acesso somente para a família e os amigos por meio de convites.

Como você pode usar sua página no Facebook para negócios? Aqui estão algumas dicas para começar. (Acrescente aquelas que se referem às suas metas para suas ações de marketing nas mídias sociais.)

- ~ Compartilhe conselhos, links para artigos, áudios e vídeos breves para aumentar sua credibilidade e resolver problemas.
- ~ Conheça novas pessoas e mantenha contato com seus atuais clientes, *prospects* e colegas.
- ~ Encontre e renove contatos com companheiros de trabalho e colegas com os quais você perdeu contato.
- ~ Convide seus amigos do Facebook para eventos on-line e ao vivo, e depois divulgue fragmentos de áudio ou vídeos dos eventos.
- ~ Divulgue seu endereço do Facebook no seu site para convidar visitantes a juntarem-se a você on-line.
- ~ Use as funções de fotografia do Facebook para exibir estudos detalhados de casos e outros produtos acabados.

- Mantenha seu Facebook atualizado acrescentando um RSS (Really Simple Syndication) que automaticamente divulga as atualizações do seu blog, Twitter e outros *podcasts*.
- Se você já está divulgando vídeos de negócios no YouTube ou fotos de negócios no Flickr, pode facilmente acrescentar essas publicações na sua página do Facebook.
- Conheça os outros usuários e construa uma reputação como um especialista útil publicando respostas para perguntas de fóruns e fazendo colaborações importantes nos debates de grupos. Melhor ainda, inicie seu próprio grupo!
- Envie cartões de aniversário virtuais como um toque pessoal.
- Coloque seus produtos à venda no mercado.
- Crie pesquisas de opinião e enigmas.

Anatomia de uma página do Facebook

- **Página principal.** Esta é uma página que só você pode visualizar. Trata-se de seu painel, onde você pode ler as mensagens recebidas, acrescentar aplicativos, ver o que as pessoas divulgaram no seu "mural" e mudar suas configurações.
- **Perfil.** Esta é a principal página que outras pessoas veem. As informações que você adiciona encon-

tram-se aqui, assim como os comentários que aprova para serem visualizados.
- **"O quê você está pensando?"** Esta caixa funciona como Twitter, e lhe dá a oportunidade de enviar uma breve atualização. Trata-se de uma ótima maneira de deixar os leitores a par de eventos, notícias e destaques que estão por vir. Você também pode empregá-lo para fazer perguntas, falar sobre algo interessante para os leitores ou encaminhar um link de um artigo, publicação em um blog ou vídeo.
- **Mural.** Esta é a área aberta ao público. Você pode criá-la para permitir que seus amigos publiquem ou que apenas suas publicações apareçam. Para mantê-la focada nos negócios é melhor manter o mural exibindo suas publicações e comentários a respeito deles.
- **Info.** Compartilha seu perfil. Você deve preencher os detalhes relacionados a negócios e evitar informações que são muito pessoais. Você também pode compartilhar informações referentes à sua educação e experiência profissional assim como links para seus principais sites. Certifique-se de incluir uma foto profissional atual. Trata-se de uma página imprescindível para exibir sua credibilidade!
- **Anotações.** Você pode ter suas publicações do blog "alimentando" seu mural, ou pode acrescentá-las na sua página de anotações. Ou pode "alimentar" uma a partir do seu Twitter e a outra a partir de um Podcast

ou conta no YouTube. É um local em que você pode divulgar informação com um RSS, portanto, seu site, automaticamente, recebe atualizações. Você também pode atualizar suas anotações manualmente, como faria em um blog.

- **Distintivo de perfil.** Se você já viu o logotipo do Facebook junto com a foto de uma pessoa e link para a respectiva página no Facebook, foi assim que eles a criaram. Ótimo para conectar sua nova página aos seus outros sites.
- **Boxes.** Este espaço é onde todos os outros extras que você adiciona com as ferramentas de aplicação se farão presentes na sua página.

Usando os aplicativos

O Facebook oferece uma variedade de extras que incluem desde os muito irrelevantes aos extremamente úteis. Dado que muitos indivíduos usam o Facebook exclusivamente para manter contato com os amigos, há extras que permitem que você envie para seus amigos um abraço virtual, um aperitivo digital e todos os tipos de pesquisas de opinião de personalidade entre outras coisas fora dos padrões convencionais. Embora sejam divertidos entre amigos, é melhor evitá-los no seu site de negócio.

Por outro lado, o Facebook oferece extras fantásticos, denominados "aplicativos", que permitem que você personalize sua página e acrescente valor a ela. Os aplicativos mudam toda hora, e os sites estão sempre acrescentando e deletando escolhas, mas alguns são encontrados em muitas das principais mídias sociais. Aqui estão os meus aplicativos favoritos para negócios e ideias de como empregá-los:

- **Eventos.** Uma ótima maneira de compartilhar suas palestras, seminários e grupos de discussão.
- **Vídeos.** Compartilhe seus vídeos de negócios, transferindo-os individualmente ou usando sua página no YouTube para atualizá-los automaticamente.
- **Fotos.** Compartilhe fotos de produtos acabados, fotos de eventos, sua capa de livro e outras imagens para animar sua página.
- **Grupos.** O lugar para encontrar e se relacionar com outros que compartilham interesses em comum.
- **Broadcast.** Uma maneira de compartilhar seus artigos com todos os seus amigos do Facebook.
- **Blog RSS feeder.** Aqui você pode ingressar com a informação necessária para que seu blog, podcast ou Twitter automaticamente atualizem seu Facebook.
- **Meu perfil no LinkedIn.** Se você também está no LinkedIn, você pode criar um atalho para sua página de perfil público.
- **Squidoo Connect.** Facilite para que seus amigos no Facebook encontrem suas lentes no Squidoo.
- **Cartões de aniversário.** Facilite o envio de cartões virtuais para todos os seus amigos do Facebook no aniversário deles.

- **Endereços importantes na internet.** Cria um "distintivo" no Facebook que você pode colocar nos seus outros sites para facilitar que visitantes o encontrem no Facebook.
- **Faça pesquisas de opinião.** Deixe sua página mais interessante fazendo perguntas e divulgando os resultados das pesquisas de opinião.
- **Mercado.** Se você oferece tangíveis para venda, isso o conecta a uma página de varejo on-line onde você pode pagar para registrar seus produtos.

Lembrete de resultados

Entenda o Facebook como um evento de networking que nunca termina.

A Regra dos 30

Quais 30 fragmentos de informações atuais você pode acrescentar na sua nova página no Facebook para torná-la mais interessante e valiosa?

Exercícios

1. Implemente os itens 2-8 do plano de marketing nas mídias sociais das páginas 84-86 na sua página no Facebook.
2. Solicite meia dúzia dos seus funcionários, amigos da vida real e colegas que comentem a respeito de sua página e sugiram conteúdo, ideias para tópicos e novas maneiras de torná-la interessante e atualizada.
3. Se você trabalha em um ramo criativo, investigue MySpace, um outro site de mídia social que é apreciado por artistas, músicos, autores, bandas de música e públicos mais artísticos. Empregue as mesmas estratégias e ferramentas para criar seu perfil no MySpace que você aprendeu neste capítulo do Facebook.

CAPÍTULO 10

Fazendo negócios no LinkedIn

Se o Facebook é equivalente a um almoço para networking profissional, então o LinkedIn equivale a uma referência pessoal. O LinkedIn é um ótimo site para contatos profissionais, e pode ser uma ferramenta poderosa para desenvolver seu negócio, mas sua cultura é bastante distinta dos sites mais sociais, e erros no LinkedIn podem abreviar carreiras.

No Facebook, Twitter e em muitos outros sites de mídias sociais uma das principais razões para se ter uma conta é a oportunidade de conhecer novas pessoas. No LinkedIn a ênfase é fortalecer as relações com pessoas que você já conhece razoavelmente bem. De fato, é contra as regras do

LinkedIn convidar desconhecidos sem uma apresentação. Isso porque uma das maiores qualidades do LinkedIn é o poder das referências pessoais e o compartilhamento das listas de contatos.

No LinkedIn somente as pessoas que você aceita como contatos podem ver seus outros contatos. Pense nele como o compartilhamento dos nomes do seu BlackBerry ou dos seus contatos profissionais da sua agenda de correio eletrônico e verá por que deve limitar o acesso a indivíduos em que confia. Dado que outros supõem que você conheça bem seus contatos, não há problema em solicitar a um amigo falar a seu respeito para seus outros amigos. Como você pode imaginar, assim como na vida real, você conheceria suficientemente bem ambas as pessoas em se tratando de uma recomendação pessoal para não se envergonhar com um comportamento profissional inadequado. Esse é o motivo pelo qual o LinkedIn é um site apenas para os "verdadeiros" amigos, mediante convite.

Embora acumular vários amigos não seja aceito no LinkedIn, há uma condição para estender a mão para alguém que você não conheça. Um perfil básico no LinkedIn é gratuito, mas é possível pagar uma atualização que permite que você envie um número limitado de "InMails"* para

---

* InMails são mensagens privadas que permitem que você contate ou seja contatado diretamente por outro usuário do LinkedIn, protegendo ao mesmo tempo a privacidade do destinatário. (N. do T.)

membros do LinkedIn sem apresentar-se. (Você sempre pode enviar InMail a indivíduos que aceitaram seu convite para relacionar-se.) As atualizações chegam em vários níveis, com variação nos preços e detalhes. Uma vez que o LinkedIn possui uma opinião muito pungente de qualquer coisa que se assemelha a um spam, é melhor evitar contatar pessoas que você não conheça até que esteja bem familiarizado com a cultura do site.

Uma das características mais importantes do LinkedIn é sua capacidade de exibir seus "seis graus de separação". Seis graus de separação é o conceito que diz que você está separado de todas as outras pessoas do mundo por apenas seis referências pessoais. O LinkedIn lhe avisa os indivíduos com quem você compartilha relações, sugerindo que você já conhece essa pessoa e pode conectar-se diretamente ou é alguém que você pode querer conhecer por meio de uma recomendação de um amigo em comum.

Eis um exemplo do poder do LinkedIn. Estava escrevendo um capítulo para um livro e necessitava entrevistar alguém que foi decisivo para o lançamento de um produto na Califórnia, alguém que eu nunca havia encontrado. Ele não trabalhava mais para a empresa que realizou o lançamento do produto, e esta não sabia onde ele trabalhava atualmente. Procurei por ele no LinkedIn e vi que tínhamos um amigo em comum na cidade de Nova York, alguém que jamais adivinharia com quem estivesse relacionado. Eu enviei um InMail para meu amigo em Nova York solicitando que ele me indicasse à pessoa que eu procurava. Dentro de poucas horas estava agendando uma entrevista com o contato na Califórnia.

Anatomia de uma página no Linkedin

- **Home.** Assim como no Facebook, esta é sua página de controle. Veja sua caixa de entrada, leia atualizações de status dos seus amigos e grupos, veja o que foi recentemente recomendado e cuide de quaisquer edições ou alterações das suas páginas públicas. Você também pode colocar as pessoas a par do status desta página, por meio de uma linha, semelhante a um tweet no Twitter.
- **Perfil.** Sua personalidade pública. Onde você lista seus empregos atuais e antigos, e nível educacional (tornando fácil que amigos e colegas de classe do passado o encontrem). O resumo que você publica apresenta quem você é e o que faz. Você também pode incluir feeds do seu blog e Twitter, links para outros sites e todos os seus contatos e recomendações.
- **Contatos.** Exibe todos os seus contatos e lhe fornece a capacidade de importar novos contatos da sua lista de e-mails, organizá-los em pastas e os adicionar ou deletar.
- **Grupos.** Os grupos do LinkedIn são especialmente poderosos porque as pessoas no LinkedIn se conhecem verdadeiramente. Filie-se ao LinkedIn de organizações de ex-alunos, associações profissionais ou

grupos industriais. A publicação de perguntas e respostas úteis para seus grupos é uma ótima maneira de conhecer outros membros do grupo sem correr riscos. Você também pode começar seu próprio grupo. Certifique-se de filiar-se a unidades de suas associações de grupo fora de sua localização geográfica para obter um benefício adicional.
~ **Empregos.** Esta seção permite que você publique um emprego que esteja procurando, gerencie os trabalhos que publicou e inscreva-se para vagas que outros divulgaram.
~ **Mais.** Neste espaço você pode procurar por contatos de empresas, acessar a página de Respostas do LinkedIn (um fórum sobre negócios), ir para o Centro de Aprendizagem para tornar-se um usuário avançado do LinkedIn, descobrir eventos ao vivo e virtuais e acessar aplicativos para personalizar seu perfil.

Personalizando o LinkedIn com aplicativos

Assim como o Facebook, aplicativos ajudam você a obter mais de sua página do LinkedIn. Dado que o LinkedIn é somente voltado para negócios, você não encontrará os jardins virtuais ou martíni digitais como aqueles do Facebook, mas achará alguns aplicativos úteis para maximizar seu tempo.

- Relacione seu blog, conta no Twitter e eventos para que você possa compartilhá-los com seus contatos.
- Divulgue sua agenda de viagem e os eventos que está organizando ou dos quais estiver participando, e descubra em que eventos seus contatos estarão presentes e para onde viajarão.
- Crie uma área de trabalho virtual e compartilhe arquivos, apresentações em slides e documentos para colaboração on-line e reuniões virtuais.
- Descubra o que estão falando a respeito de sua empresa na internet.
- Inclua seus contatos do LinkedIn em pesquisas de opiniões e compartilhe as respostas com sua network no LinkedIn.

Usando o LinkedIn (cuidadosamente) para marketing

O LinkedIn pode ser uma poderosa ferramenta de marketing, mas pelo fato de sua cultura ser muita distinta das outras mídias sociais é importante respeitar as regras e prosseguir com cuidado. A melhor analogia seria um networking pessoal bem-sucedido. Você nunca iria invadir a mesa de alguém e consultar seu livro de endereços ou Black Berry. Os participantes da rede, que são éticos, também não fingem que foram indicados por alguém que não lhes deram permissão para serem utilizados como fontes. Aplique essa mesma etiqueta de networking para o LinkedIn e você estará a caminho do sucesso.

O que você pode fazer para vender sua empresa no LinkedIn?

- ~ Crie um perfil que exibe você e sua experiência em sua melhor forma e a mais crível possível.
- ~ Use sua *caixa de atualizações* para permitir que seus contatos saibam a respeito de compromissos de palestras, novos projetos ou notícias relacionadas com trabalho.
- ~ Use o aplicativo *minhas viagens* para compartilhar para onde viajará se for importante maximizar seu tempo durante a viagem agendando almoços, cafés e jantares com contatos da região para onde você está indo.
- ~ Use o aplicativo de eventos para convidar seus contatos e aumentar sua visibilidade em eventos.
- ~ Seja generoso fornecendo recomendações (verdadeiras) e solicite aos seus contatos que lhe escrevam sugestões. Seja o primeiro a conceder, e outros irão retribuir.
- ~ Tenha cautela ao decidir quem adicionar e quais convites aceitar para proteger a integridade dos seus contatos.
- ~ Use o indicador "seis graus de separação" para solicitar que seus contatos indiquem você para outras pessoas de suas redes.
- ~ Empregue os aplicativos do Wordpress, tweets e Bloginkpara que seu blog, podcasts, vídeos e Tweets automaticamente alimentem sua página no LinkedIn para mantê-la atualizada.

- Preencha todo o seu perfil e empregue uma foto nítida, atual e profissional.
- Ofereça aos seus contatos a possibilidade de indicá-los a outros, e apresente pessoas que você acha que se beneficiarão dos contatos.
- Empregue pesquisas de opinião para obter uma fotografia instantânea do que seus clientes e *prospects* pensam sobre assuntos importantes.
- Pesquisas de opinião também podem ajudá-lo a coletar estatísticas para relatórios e apresentações.
- Filie-se a grupos e acrescente valor participando deles. Capítulos virtuais de associações de profissionais, indústrias e ex-alunos dos quais você já participa são especialmente importantes.
- Entre novamente em contato com mentores, colegas e subordinados de empresas onde você trabalhou e com os quais perdeu contato. (As funções de busca por empresa e indústria são bastante úteis para isso.) Aumente sua rede ativa com pessoas que você já conhece.
- Comece um grupo se as principais organizações das quais você faz parte não estão representadas. Se você mantiver-se ativo como um líder de grupo, pode ser uma ótima maneira de permanecer em evidência.
- Deixe que seus contatos saibam que tipos de novos projetos lhe interessam, para que eles tenham ciência de que você está disponível para ser contatado.

Lembrete de resultados

LinkedIn maximiza suas relações profissionais e alavanca seus seis graus de separação.

A Regra dos 30

Durante 30 dias convide seus colegas antigos e atuais, *prospects*, clientes, subordinados, chefes e contatos e veja o crescimento de sua esfera de influência.

Exercícios

1. Escreva uma ótima página de perfil. Preencha com seus antigos empregos e universidades onde estudou para que seus antigos colegas possam encontrá-lo. Faça seu resumo parecer atraente.
2. Preste atenção à sugestão do LinkedIn em relação a pessoas que você possa conhecer baseando-se em relações compartilhadas para encontrar colegas que esqueceu de acrescentar.
3. Envolva-se com grupos de ex-alunos, grupos de profissionais e da indústria e construa uma reputação de ser alguém que ajuda e que tem conhecimentos.
4. Adicione seus melhores contatos, e convide seus novos contatos mais promissores à medida que você conhece as pessoas.

5. Seja pró-ativo em recomendar pessoas, e peça para que outros o recomendem.
6. Peça que outros o recomendem quando necessário, mas não tenha medo de solicitar ajuda caso valha à pena.

CAPÍTULO 11
A revolução do Twitter

Se o Facebook é um evento de rede social e LinkedIn é como uma indicação pessoal da sua agenda de endereços do BlackBerry, então o Twitter é o coquetel das mídias sociais.

O Twitter é um microblog, o que significa que é como blogar, só que em uma versão mais curta. No Twitter, usuários podem compartilhar mensagens de 140 caracteres denominadas tweets. Graças a um sempre crescente número de aplicativos e acréscimos você poderá surpreender-se com o poder desses breves tweets para conectá-lo a potenciais *prospects* e clientes.

Enquanto o Facebook tem amigos e o LinkedIn, contatos, o Twitter possui seguidores. A maneira mais fácil de aumentar seu número de seguidores é convidar pessoas que você conheça (ou outros sites de mídias sociais) para segui-lo, ou acompanhar outras pessoas que compartilham dos seus interesses e esperar que eles o sigam também.

Quem são as pessoas na sua vizinhança?

No Twitter, elas são as pessoas a quem você envia tweets diariamente. O Twitter vicia, e muitos usuários esperam posts novos e interessantes durante o dia. Se você desenvolver uma reputação de fornecer um conteúdo útil e interessante, eles estarão checando seus posts e esperando pelo seu próximo tweet.

O Twitter é perfeito para pessoas ocupadas, porque os posts são curtos e diretos. O Twitter também possui muitas maneiras com as quais você pode interagir com seus seguidores e compartilhar conteúdos valiosos. Assim como as conversas no trabalho, ao redor do bebedouro, é o conteúdo e não a duração da conversa que importa.

Quando chega a hora de encontrar outras pessoas para relacionar-se no Twitter, comece com indivíduos que já fazem parte de sua vida na rede e fora dela. O Twitter, assim como o Facebook, aceita a ideia de uma amizade casual (diferentemente do LinkedIn), então convide todo mundo. Suas agendas do correio eletrônico e do BlackBerry são boas fontes, além dos indivíduos que aceitaram receber seu boletim e todos os que você conhecer em eventos de networking ou negócios. (Encontrar ou fazer amizades ou seguir pessoas no Facebook ou Twitter após encontrá-las em uma reunião de negócios é uma ótima maneira de manter contato.)

Até o momento, não há uma maneira automática de convidar seus amigos do Facebook para serem seguidores do Twitter além de anunciar em "No que você está pensando agora?" e fazer um comunicado geral e convite. Porém, você pode adicionar seus tweets via RSS por meio de um aplicativo do Facebook que se atualiza automaticamente à medida que você tuita.

Caso você tenha uma página de fãs no Facebook, pode empregar um dos aplicativos do Facebook para enviar atualizações dessa página para sua conta do Twitter.

Evite o frenesi de amigo/seguidor. Quando se trata do Twitter (e do Facebook), mais nem sempre é melhor. Claro, você encontrará celebridades e organizações com centenas ou centenas de milhares de seguidores, até mesmo um milhão. Isso pode ser ótimo para uma estrela de cinema ou uma corporação, mas para o marketing de uma pequena empresa maior não é sempre melhor. Você deseja seguidores qualificados, não apenas números. Toda a razão pela qual você está nas mídias sociais é para atrair potenciais clientes. É melhor possuir poucos amigos/seguidores que estão realmente interessados em você, em seus produtos, ou seu assunto, do que ter dezenas de milhares de falsos seguidores que nunca comprarão de você. Esse é um ótimo motivo para evitar os serviços automatizados que prometem acrescentar milhares de amigos. Esses programas não fornecem uma maneira de escolher estrategicamente quem se tornará seu amigo ou a quem seguir, então, é improvável que você obtenha *prospects* qualificados. Até pior, empregar programas automatizados de seguidor podem resultar na suspensão de sua conta. Não há substitutos na escolha de seus próprios amigos.

Anatomia de uma página de Twitter

Tuitar é elegância despojada. Ao contrário do Facebook, que lhe oferece a oportunidade de criar múltiplos posts com fotos, vídeos e conteúdos, o Twitter é enxuto, mas surpreendentemente poderoso.

~ **Home.** Este é seu painel de controle. A partir de sua página principal, você pode adicionar tweets sobre "O que está acontecendo?", ver quantas pessoas você está seguindo e quantas estão seguindo você, e ver quantos indivíduos adicionaram seu Twitter à lista de microblogs que elas acompanham. Home é também onde você pode enviar @respostas e mensagens diretas, retweet* interessante, listar seus favoritos ou procurar assuntos ou pessoas. Sua Home também lhe fornece as principais palavras que pessoas estão tuitando para que você possa

---

* O retweet consiste, basicamente, em compartilhar o tweet de outra pessoa, reconhecendo-a como a fonte de informação. (*N. do T.*)

seguir as tendências e os temas atuais. Você também encontrará o RSS feed para seu perfil no Twitter na sua página principal (use isto para adicionar seus tweets nos seus outros sites). E há minifotos de todos os seus seguidores, então, você pode dar um *close* para descobrir o que há de novo com determinadas pessoas. Na sua página principal, você visualiza tweets de todos os seus amigos.
~ **Profile.** Isto é o que outras pessoas veem. Na sua página de perfil você verá apenas seus próprios tweets. Esta é a visualização que você deseja que apareça nos seus outros sites.
~ **Find Friends.** Está página ajuda você a acrescentar seguidores de diversas maneiras. Você pode convidar pessoas, empresas ou organizações por nome, ou pode convidar sua lista de e-mail. Find Friends também tem uma lista limitada de assuntos onde você pode encontrar indivíduos que pensam como você. Trata-se de um bom local para iniciar quando você começa a convidar indivíduos que realmente não conhece. Importante: certifique-se de que tenha lido as regras do Twitter antes de começar a adicionar amigos. O Twitter expressa desagrado em relação a "adicionar milhares de amigos" e pode suspender sua conta por acrescentar um número excessivo de amigos num curto espaço de tempo.
~ **Settings.** É onde você estabelece sua biografia — em uma frase —, indica a informação de contato que

está disposto a compartilhar e coloca sua fotografia. Você também pode projetar o papel de parede ao redor de sua página no Twitter, indicar se deseja receber e-mails quando as pessoas o seguem e permite que você capacite seu celular para que possa tuitar de qualquer lugar. O Connection Tab (Guia de Conexões) fornece uma atualização de quais aplicativos têm acesso à sua conta de Twitter.

~ **Blog.** Na parte inferior do site encontra-se o link para o blog do Twitter. É um bom lugar para descobrir o que está acontecendo no Twitter, portanto, você será o primeiro a saber a respeito de novas funções.

~ **Goodies.** Também na parte inferior do site encontra-se a página Goodies, que lhe dá acesso para os Aplicativos, Widgets* e botões. Eles aumentam a utilidade do Twitter, ajudam você a conectar o Twitter a outros sites, e lhe dão mais flexibilidade em como você emprega sua conta do Twitter.

Navegando no Twitter

O Twitter possui sua própria linguagem, e algumas maneiras simples, mas poderosas, que você pode enviar mensagens. Aqui estão as regras básicas:

---

* Símbolo gráfico que permite a interação entre o usuário e o computador (*N. do T.*)

- **@nome do usuário.** Responde publicamente a algo que alguma outra pessoa tuitou. Uma ótima maneira de manter uma conversa e convidar outros para participar dela.
- **Mensagem Direta.** Envia uma mensagem pessoal para alguém que o esteja seguindo.
- **Hashtag (#).** Empregando um # na frente de palavras-chaves permite que seu tweet passe a ser procurado no Twitter, e se um número suficiente de pessoas esteja empregando essa #palavra-chave, ela pode fazer parte da lista dos Trending Topics (os tópicos mais comentados).
- **Retweet (RT).** Uma ótima maneira de compartilhar tweets interessantes publicados por outra pessoa e de promover seus amigos. Copiando uma mensagem que recebeu e direcionando-a com "RT @nome do usuário" você compartilhará essa mensagem, link ou informação com toda a sua lista.

Personalizando o Twitter com aplicativos

Você encontrará muitos sites e artigos com os "100 melhores aplicativos do Twitter" demonstrando que há tantas maneiras distintas de empregar o Twitter quanto há pessoas no Twitter. A maioria dos aplicativos do Twitter apenas lhe fornece a habilidade de rastrear informação, empregar o Twitter para propósitos específicos ou compartilhar certos

tipos de informações. Alguns dos aplicativos ajudam você a gerenciar sua página do Twitter para que possa empregar melhor seu tempo. Aqui estão alguns dos meus favoritos:
- **SocialOomph.com (anteriormente TweetLater).** Este site permite que você carregue tweets de antemão e depois programe-os durante dias ou semanas. É um "salva-vidas" para ajudá-lo a manter uma presença regular no Twitter quando você tem outras coisas para fazer.
- **TinyURL.com.** Como você tem só 140 caracteres, compartilhar um link para um site, artigo ou vídeo pode ser um problema. O TinyURL gera um link singular e pequeno perfeito para tuitar.
- **Twibes.com.** Assim como grupos no Facebook, Twibes é o lugar para associar-se com pessoas que pensam como você ou encontrar indivíduos que você gostaria de conhecer.
- **Strawpollnow.com.** Uma maneira divertida de fazer seu site no Twitter interativo com pesquisas de opiniões, em que as pessoas respondem com sim/não e enigmas.
- **Twellow.com.** Um diretório de pessoas e organizações no Twitter, tornando mais fácil encontrar lugares para conectar-se.
- **TweetDeck.com.** Ajuda a administrar todas as suas contas no Twitter.
- **TweetBeep.com.** Como um alerta do Google para Twitter, ele ajuda a saber quando estão falando a respeito de você e dos seus produtos.

- **Twhirl.com.** Facilita manter-se conectado no Twitter o dia todo para publicar atualizações e ler novos tweets sem ter um navegador aberto.
- **Twitturly.com.** Ajuda você a rastrear quais assuntos e palavras-chaves estão sendo mais discutidos.
- **Twitscoop.com.** Uma outra maneira de descobrir o que todo mundo está discutindo e participar dos assuntos mais quentes.
- **TwitterFeed.com.** Torna fácil que seu blog e outros sites atualizem sua página no Twitter.
- **NearbyTweets.com.** Encontra eventos e usuários do Twitter próximos da sua região geográfica.

Quando você começar a usar o Twitter, encontrará mais aplicativos e adicionais que atendam as suas necessidades específicas, então, divirta-se explorando!

Usando Twitter para negócios

A chave para empregar o Twitter para negócios é pensar sobre o que você pode compartilhar em 140 caracteres que seus *prospects*/clientes necessitam. Aqui estão algumas ideias para você começar:
- Compartilhe conselhos curtos e diretos relacionados com sua especialidade — que objetivam economizar dinheiro, exercitar-se, dieta, marketing, reduzir estresse, viver de uma maneira mais sustentável.
- Convide seguidores para eventos reais ou virtuais.

- Atualize seguidores em relação a novas publicações no blog ou artigos.
- Incite debates por meio da publicação de uma pesquisa de opinião, indagando ou apresentando um concurso de perguntas e respostas.
- Organize um "tweetup"* ou um convite para um evento ao vivo via Twitter. Eles são ótimos para reuniões mais espontâneas ou para falar aos seus seguidores a respeito de vendas pessoais e descontos.
- Faça propaganda do seu "sabor do dia", independentemente de ele ser um prato do dia, sorvete do dia ou um conselho útil.
- Convide participação em tempo real quando você está participando de um programa de rádio ao vivo.
- Notifique seus seguidores se há um cancelamento de última hora de um evento ou um fechamento de loja devido ao mau tempo. Caso haja uma queda de sua conexão da internet, mas você tem acesso a uma rede sem fio, envie um tweet para deixar seus seguidores cientes de que você brevemente estará reconectado à rede.
- Ofereça um teaser.** Tuitando o primeiro parágrafo de um artigo (com um link para seu restante) ou o primeiro capítulo do seu novo livro.

---

* Um encontro de usuários reunidos via Twitter. (*N. do T.*)
** O teaser é uma técnica usada em marketing para chamar a atenção para uma campanha publicitária, aumentando o interesse de um determinado público-alvo a respeito de sua mensagem, por intermédio do uso de informação enigmática no início da campanha (*N. do T.*)

- Recompense os seguidores com links para conteúdos especiais, cupons ou a oportunidade de eles serem os primeiros a visualizar um determinado conteúdo.
- Envie tweets em viagens à medida que você participa de conferências e eventos. Certifique-se de que esteja usando *hashtags* para que seus tweets tenham a mesma tendência que os outros do mesmo evento.
- Veja quais são os "assuntos quentes" e participe do debate se você puder acrescentar informações importantes.
- Mantenha-o interessante e útil retuitando bons posts de colegas e líderes de opinião; enviando links para artigos, blogs e vídeos; e buscando conteúdos relevantes e importantes para compartilhar.
- Acompanhe seus competidores ou líderes da indústria para ver o que outros estão fazendo e copie suas melhores práticas.

Lembrete de resultados

Transforme artigos e posts no blog em uma serie de tweets para reutilizar um conteúdo importante.

A Regra dos 30

Tuite frequentemente para que seus seguidores tenham um motivo para manterem-se sintonizados e retuite! Para começar, você pode produzir 30 tweets interessantes e úteis?

Exercícios

1. Crie sua conta de Twitter e convide 30 amigos por dia para serem seus seguidores.
2. Procure por novos contatos por meio de interesses em comum e Twibes.
3. Não esqueça de convidar seus amigos do Facebook e deixe seus contatos do LinkedIn cientes que você está no Twitter.
4. Melhor ainda, link Facebook e LinkedIn ao Twitter via RSS para que seus tweets atualizem automaticamente suas outras páginas.
5. Crie tweets interessantes a partir dos seus artigos e observações. Evite uma abordagem agressiva. Ofereça conselhos; não apenas venda.
6. Pergunte e responda para desenvolver relacionamentos.
7. Faça-o divertido e interativo, mantendo-o profissional. Deixe sua personalidade transparecer.

CAPÍTULO 12
Blogar para os negócios

Em poucos anos o blog tornou-se uma séria competição para os veículos de comunicação, especialmente jornais e revistas. O que falta aos blogueiros em credibilidade, em relação aos repórteres profissionais, eles frequentemente compensam em acessibilidade e paixão. Se você nunca blogou, esta é uma boa hora para começar. E se você criou um blog que não se tornou popular, agora é a hora de consertá-lo!

Conceitos básicos

Um blog é um tipo especial de página da web que é fácil de atualizar. Há uma variedade de plataformas de blogging gratuitos para escolher: Wordpress, Live Journal e Blogger são apenas algumas das mais populares. Antes que você se cadastre para iniciar um blog, certifique-se de que tenha lido os termos de serviço do site. Alguns rejeitam blogs "comerciais", e os deletarão. Certifique-se de que seu blog será bem-recebido antes de criá-lo.

Os blogs atuais tornam fácil compartilhar mais do que apenas textos. Vídeos, links da internet, fotos, pesquisas e áudio são fáceis de compartilhar ou inserir nas publicações do seu blog. O blog também torna possível que você obtenha comentários dos leitores e crie um diálogo. Você pode compartilhar informação valiosa, publicar perguntas e iniciar uma conversação. E se você alguma vez pensou em escrever um livro mas achou que fosse muito assustador, tente abordar seu assunto por meio de um blog, por vez, e então junte suas cópias dos blogs dando início a um manuscrito.

Anatomia de um blog

~ **Painel de controle.** Este é o seu painel de controle nos bastidores. Painéis de controle se diferenciaram por sites, mas o do Wordpress permite que você saiba tudo, desde quantas publicações realizou a quantas pessoas visitaram seu site. Além das estatísticas, seu painel de controle é onde você pode alterar suas configurações, ler comentários, adicionar novas páginas, alterar a aparência do seu blog e acrescentar uma nova publicação. Você pode, também, ter uma ideia de quantos indivíduos estão visitando seu blog

e quais publicações do blog estão enviando para seus amigos.
- **Tags.** Tags são como palavras-chave: eles ajudam os programas de busca a encontrar suas publicações no blog. Use tags que descrevam os principais assuntos das publicações no seu blog para que os leitores que buscam informações semelhantes encontrem seu blog. Melhor ainda, tags de palavras-chave relacionadas como as principais manchetes provavelmente aparecerão quando os pesquisadores procurarem o que está sendo noticiado.
- **Blogroll.** Esta é uma lista de outros blogs que você acompanha. É uma ótima maneira de fazer um favor para amigos cujos blogs você gosta, porque seus leitores podem descobrir os blogs deles através do seu blogroll. Você também pode acrescentar blogs de criadores de notícias, líderes de opinião, formadores de opinião e especialistas da indústria para ajudar seus leitores a conectarem-se à blogosfera.
- **Perfil.** É como o site parece para todos os outros. Você verá as publicações, além de links para outras páginas do seu blog, incluindo sua biografia.
- **Registros.** Compartilhe suas publicações anteriores com leitores que não as viram!
- **Categorias.** À medida que você acrescenta publicações no blog, pode indicar categorias às quais elas pertencem. Isso ajuda os leitores a localizar informações relevantes.

~ **RSS.** Trata-se de um código especial que permite você alimentar as publicações do seu blog para seus outros sites tais como Facebook e LinkedIn, ou usar seu blog para adicionar conteúdo atualizado no seu website.

Por que blogar?

Com todas as outras coisas que um empresário precisa fazer, qual o benefício de blogar? Aqui estão algumas razões:

~ Dado que um blog é fácil de atualizar, você pode frequentemente adicionar conteúdo novo sem pagar altas taxas de alterações para seu webmaster (pessoal responsável pela elaboração de um site).

~ O blog cria uma maneira de você comentar a respeito da vida, negócios, tendências e questões que impactam sua especialidade.

~ Blog é uma maneira de permitir que sua personalidade transpareça criando uma conexão mais pessoal.

~ Seu blog pode amplificar a informação que você compartilha por meio de artigos, livros e discursos e convidar comentários e diálogos.

~ Muitos blogueiros receberam um reconhecimento público baseado no valor do seu conteúdo.

~ Boas publicações no blog incrementam os resultados de busca no Google por seu nome e empresa.

~ Seu blog como convidado nos sites de amigos e colegas o apresentam para seus seguidores e lhe possibilita uma ótima visibilidade.

~ Quando você emprega a função RSS do seu blog, pode facilmente atualizar múltiplas páginas na internet e sites de mídias sociais com uma única publicação no blog.

Embora não haja regras rígidas, normalmente considera-se que blogs "ativos" são atualizados pelo menos duas vezes por semana. Publicações breves são bem-vindas e você pode reutilizar o conteúdo que criou para outros propósitos dividindo-o em pedaços menores. Isso fornece uma nova vida e novo público para artigos, estudos de casos, áudios e vídeos.

Se você estiver blogando sobre assuntos referentes às manchetes atuais, escreva cedo (por volta das 8h) para atrair leitores que se informam durante o café da manhã. Porém, seus leitores podem ter padrões distintos de navegação na internet, dependendo de como eles utilizam a rede. Você pode descobrir que seus leitores entram na internet durante o almoço, após o jantar ou até mais tarde (quando as crianças estão na cama). Para descobrir quando é a hora ideal para postar, veja o que outros — que falam com seu público-alvo — estão fazendo, ou pergunte para seus clientes, *prospects* e seguidores do Twitter quando eles ficam on-line.

Usando seu blog para negócios

Como você pode empregar seu blog para aumentar sua visibilidade na internet, melhorar os resultados do seu programa de buscas e trazer mais movimento para seu site? O que significa uma boa oportunidade de aumentar suas vendas? Aqui estão algumas ideias:

- ~ Teça comentários a respeito das manchetes de notícias a partir do seu ponto de vista profissional. Se você é um terapeuta de casais, divórcios de celebridades são bons estudos de caso. Um consultor financeiro pode fornecer maneiras reais de reduzir dívidas e economizar dinheiro. Fale a respeito do que todos os outros já estão falando.
- ~ Fale mais a respeito da informação que já forneceu. Se você escreveu um livro, forneça material extra relacionado a ele. Se escreve uma coluna, forneça detalhes adicionais sobre um assunto a que você recentemente se referiu.
- ~ Compartilhe breves estudos de casos ou conselhos.
- ~ Mantenha-o atualizado, atual e divertido. Evite longos intervalos entre publicações para que os leitores saibam o que esperar. Mantenha uma atitude positiva e saiba que se você se expressar raivosamente na internet, ficará registrado para sempre, muito tempo depois de você ter esfriado a cabeça.
- ~ Escolha títulos mordazes para incrementar o número de leitores, e escreva em parágrafos curtos.

~ Use *bookmarking* sites* como Digg, Delicious e StumbleUpon para compartilhar suas publicações no blog, e utilize o Twitter quando publicar para que seus seguidores saibam.
~ Facilite seus leitores para compartilhar publicações que eles apreciam acrescentando ícones de favoritos do AddThis.com.
~ Use RSS para alimentar seu blog para que seu site principal tenha sempre um conteúdo atual (o que melhora sua posição nos navegadores de busca).
~ Considere associar-se a um grupo de três a cinco profissionais em negócios não concorrentes que compartilhem o mesmo público-alvo, e compartilhem um blog para que só uma pessoa não tenha que escrever tudo.
~ Fique de olho em blogs populares em relação ao seu assunto e sugira que você e o outro blogueiro permutem blogs de convidados. Trata-se de uma ótima maneira de você conhecer o conjunto de leitores de outro blogueiro e o dele conhecer os seus.
~ Seja generoso em unir bons blogs ao seu blogroll, e não seja tímido em solicitar que outros blogueiros acrescentem seu blog nos blogrolls deles.
~ Empregue *tags* e palavras-chaves para tornar suas publicações mais rastreáveis. Suas palavras-chaves

---

* É um método para operadores de internet organizar, armazenar, administrar e procurar as páginas salvas como favoritas. (*N. do T.*)

devem relacionar-se à cópia da publicação e ao seu assunto geral. Não tem certeza de quais palavras atraem mais pessoas? Vá para o Google Keyword Tool (é grátis). O Google Keyword Tool lhe fornece uma lista de palavras associadas com seu tópico e lhe exibe quantas vezes cada palavra é procurada no Google. Se você tiver uma escolha entre duas palavras que significam a mesma coisa, e uma tem um milhão de procuras e a outra tem uns poucos milhares, comece empregando a palavra com maior trânsito e obtenha mais *hits* nas publicações do seu blog!

~ Torne seus blogs úteis mas não dê a impressão que você esteja comercializando. Seu blog é uma maneira de os leitores o conhecerem. Se eles gostarem de você e o acharem fidedigno, considerarão comprar de você.

~ Anuncie seus próximos eventos, palestras, prêmios e outras notícias no seu blog, mas faça-o de maneira coloquial, não publique apenas comunicados de imprensa.

~ Empregue seu blog para encorajar leitores a baixar informações gratuitas da sua página na internet, tais como artigos ou livros eletrônicos, para ajudar a construir sua lista de e-mail.

~ Saiba que são necessários meses ou anos para construir seguidores. Sua meta como um blogueiro de negócios não é ter mais público que a CNN. Seu objetivo é atrair *prospects* que tenham condições de

conhecê-lo antes de fazer negócios com você. Você não necessita de números gigantescos; apenas busca os leitores certos.
~ Blogs não precisam ser para o público em geral. Você pode criar um blog que seja principalmente para clientes e usuários do produto que comercializa. Blogs especializados não obtêm um número gigantesco de leitores, mas fontes de bons nichos de informações podem conquistar fãs leais e futuros clientes.
~ O blog pode trazer benefícios além de aumentar significativamente as vendas. Você pode atrair a atenção de um repórter e ser solicitado para uma entrevista. Um comentário de um leitor pode incitar uma ideia para uma nova coluna ou artigo para você publicar em outro lugar. As publicações do blog podem ser reunidas e editadas em um livro. Convites para falar a grupos ou oportunidades de colaboração podem surgir a partir de ótimas publicações que chamam a atenção da pessoa certa. Lembre-se que sucesso nem sempre é mensurado em relação à venda de produtos.

Como realizar tudo

Há mais de um modo de realizar o trabalho necessário para manter nos trilhos uma estratégia nas mídias sociais. Aqui estão maneiras como outros profissionais que blogam gerenciam seus tempos:

- Escreva uma vez e publique em todos os lugares. Reúna um grupo de artigos, livros eletrônicos, *white papers** e discursos que você redigiu, e contrate um funcionário para editá-los em publicações de blog. Você também pode editar seminários na internet e postar teleconferência em segmentos curtos (cinco minutos ou menos).
- Escreva uma certa quantidade de publicações (e tweets). Publicar exige menos tempo do que escrever, então, se sua agenda oscila entre períodos mais atribulados e outros mais livres, use seus momentos mais tranquilos para escrever publicações e tweets que você pode carregar posteriormente.
- Use um assistente virtual para carregar o material que você redigiu. Você escreve e seu assistente virtual se encarrega de publicar, etiquetar, das palavras-chave e da manutenção.
- Reúna um grupo de profissionais que pensam como você para blogar com um grupo, ou frequentemente convide blogueiros.
- Escolha, com certa frequência, dia e horário que você saiba que terá tempo e durante 30 minutos concentre-se apenas no seu blog.

---

* Breve documento que fornece informação detalhada a respeito de um produto ou serviço. (*N. do T.*)

~ Chame a atenção para ótimos artigos, publicações em blogs, tweets, vídeos e redações de outros publicando um link para as informações deles e acrescente um breve comentário.

Lembrete de resultados

Assim como em um jardim, blogs e mídias sociais demandam tempo para conquistar seguidores. Concentre-se em qualidade, não em quantidade.

A Regra dos 30

Um investimento de 30 minutos, duas vezes por semana, deve manter seu blog atualizado e você em contato com leitores e seus comentários.

Exercícios

1. Faça uma lista de todas as informações escritas (artigos, livros, livros eletrônicos, estudos de caso, *white papers* etc) com os quais você poderia criar um outro propósito publicando-os em blogs.

2. Agora faça uma lista dos assuntos sobre os quais você gostaria de escrever. Certifique-se de que eles dão suporte para sua principal meta profissional e falem com seu principal público-alvo.
3. Priorize seus assuntos escolhendo, primeiramente, aqueles que têm relação com as manchetes atuais para obter o maior impacto.
4. Por apenas 30 dias, separe 30 minutos, dois dias por semana, para construir seu blog. Mesmo se você tiver a intenção de ter alguém para ajudá-lo posteriormente, é bom procurar fazer isso sozinho.
5. Deixe que todos saibam sobre seu blog por meio da publicação de um link (ou usando um RSS para alimentar sua página na web), incluindo um link na sua newsletter e assinatura eletrônica, e enviando um comunicado de imprensa.

CAPÍTULO 13
Você conhece o Squidoo?

O Squidoo, um site excelente e de nome engraçado, é a invenção do guru de marketing Seth Godin. O Squidoo funciona de uma maneira um pouco distinta da maioria dos outros sites de mídias sociais pelo fato de permitir que você crie quantas páginas quiser (no Squidoo, páginas são denominadas de "lentes"), mas não é um site cujo foco é fazer uma grande quantidade de amigos e seguidores. A ênfase está no conteúdo, e ter uma lente no Squidoo pode ser uma ótima maneira de aumentar seu tráfego e número de buscas se você compreender a comunidade.

Squidoo chama suas páginas de lentes porque uma lente concentra-se firmemente em um assunto específico, que é o que ele quer que cada uma das suas páginas faça. Este site festeja a perícia de pessoas comuns, independentemente de essa especialidade ser relacionada com negócios ou pertencer a um hobby ou interesse específico. As lentes do Squidoo não são, fundamentalmente, instrumentos de venda, e uma ênfase muito grande em vendas lhe trará problemas com o site. O Squidoo é um pouco mais reservado que o Facebook ou Twitter nesse sentido, mas não tão formal quanto LinkedIn. Você pode contatar pessoas (que você não conheça) com um comentário relevante ou correio eletrônico pessoal, mas não bombardear desconhecidos com publicidades que eles não desejam. (Que você não deve fazer em lugar nenhum.) As lentes oferecem links para produtos que estão à venda, dentro do contexto do conteúdo.

Uma das coisas fantásticas em relação ao Squidoo é a facilidade de criar as lentes. De fato, o Squidoo encoraja experimentação, porque é sempre simples de ajustar suas lentes quando você pensar em uma maneira melhor de realizar isso. As melhores lentes são por tópicos em vez de estarem concentradas em um negócio ou produto. Como fazer é a grande atração do Squidoo, e suas páginas frequentemente aparecem nos resultados de busca do Google.

Outra forma em que o Squidoo difere da maioria dos outros sites de mídias sociais é pela quantidade de assistência disponível para os indivíduos que estão aprendendo a tornar-se mestres de lentes. SquidU é o site de aprendizado do Squidoo, e oferece aulas virtuais, perguntas mais frequentes e banco de dados com respostas para ajudar usuários a criar e melhorar suas lentes. Você pode sugerir lentes que considera úteis (que cria boa vontade na comunidade e um reconhecimento positivo), e se você construir uma ótima lente, uma outra pessoa pode recomendá-lo. (Não é permitido solicitar que outros mestres de lentes o recomendem, mas você pode pedir para seus amigos, família, lista de e-mail e colegas para visitarem seu site e o avaliarem/recomendarem.)

O Squidoo oferece até mesmo uma maneira de lucrar com os direitos autorais das suas lentes. Direitos autorais são o resultado da quantidade de tráfego que suas lentes geram, e eles são possíveis por meio dos anúncios colocados por Squidoo no site.

É primordial ler as regras em relação a qualquer site de mídia social (e segui-las), e o Squidoo torna isso muito fácil com regulamentos claros, escritos numa linguagem do dia a dia. Também considero a assistência do Squidoo centrada no indivíduo e compreensiva. O Squidoo tem uma vibrante comunidade de mestres de lentes com a cultura de ajudar e doar, portanto, indagações, colocadas educadamente, provavelmente receberão respostas úteis.

Anatomia de uma lente de Squidoo

- **Anúncios.** O Squidoo é parcialmente mantido pelas receitas dos seus anúncios, e são esses que podem pagar direitos autorais ou doações para caridade.

Você verá anúncios em alguns outros sites de mídias sociais, mas eles não compartilham os lucros.
- **Perfil.** Um bom perfil acrescenta credibilidade e ajuda os leitores que gostam da sua lente a encontrar sua página na internet. Certifique-se de criar um bom perfil sem pressa.
- **Resumo.** Iniciar a página com um título descritivo e atraente, mais um resumo sucinto e convincente, é uma boa maneira de atrair leitores que queiram acessar seu conhecimento.
- **Corpo.** As lentes do Squidoo são variadas. Muitas lentes compartilham uma extensa lista de links para recursos sobre um assunto específico, recomendações de produtos ou sites, críticas de filmes e outras informações. Se você for fazer uma lista de lentes, considere dar a ela alguma interatividade permitindo que leitores votem nos seus favoritos ou acrescentem à lista.
- **Tópicos relacionados.** O Squidoo tenta direcionar leitores para outras lentes que tratem de assuntos semelhantes. Esse é um outro motivo para certificar-se de que suas lentes estão apropriadamente intituladas e marcadas com palavras-chave legítimas.
- **Recomendações.** Como um mestre de lentes, você pode recomendar lentes de outros indivíduos. Essas lentes podem estar relacionadas com seu assunto, ou apenas às lentes que você aprecia. A lista de lentes

recomendadas por você torna-se um painel lateral nas suas lentes.
- **Comentários.** O Squidoo é uma comunidade vibrante, e leitores apreciam fazer comentários. Ter uma área para comentários é uma boa maneira de conhecer outros "Squids", como leitores e mestres de lentes são coletivamente conhecidos.
- **Lensroll.** Semelhante a um blogroll, trata-se de uma lista de outras lentes que você aprecia.
- **Produtos relacionados.** O Squidoo relaciona-se com Google, Amazon e eBay, tornando fácil encaminhar os leitores para os produtos que são comercializados nesses sites.
- **Acrescente módulos.** Você encontrará centenas de módulos para adicionar a suas lentes.
- **Saúde.** Permite que você saiba o que necessita acrescentar para aprimorar suas lentes, e o faz de uma maneira tão simples que você nem se incomoda.
- **Estatísticas das lentes.** Fornece uma imagem instantânea do quanto a lente obteve e como ela tem sido avaliada.

Outras maneiras de organizar sua página: lentes do Squidoo bem-organizadas, gráficos que acentuam, links para recursos de qualidade e boas informações tendem a receber boas avaliações e recomendações. Uma das qualidades do Squidoo é sua flexibilidade, então, antes de você criar uma lente, folheie algumas das 100 melhores lentes, tanto aquelas relacionadas com seu assunto quanto algumas completamente distintas da sua indústria. Você verá layouts que funcionam bem e alguns que não são tão atraentes. Você pode acrescentar vídeos do YouTube, links para publicações no blog e artigos e instruções passo a passo para um processo, ou fazer com que seu blog alimente suas lentes por meio do RSS.

Criando suas lentes de Squidoo

O Squidoo é um dos sites mais úteis que você encontrará na internet. Seu processo de criação de lentes é extremamente simples. A ênfase está em curtir o que faz, assim como criar uma maneira de compartilhar o que você ama com outros leitores. O Squidoo leva a paixão muito a sério, assim como seus leitores. Relaxe e escreva com prazer, e suas lentes irão conectar-se com os leitores. Seja informativo, ajude e, acima de tudo, converse.

Quando você iniciar sua página, pedirão que você crie um título, forneça palavras-chave importantes, além de algumas outras escolhas fáceis. Então você entrará no local de trabalho da lente, que facilita o acréscimo de cópias ou fotos, ou de incluir informações da Amazon, Flickr, eBay e de outros sites. A página é elaborada em módulos, que você pode arrastar e soltar para colocar em qualquer ordem que desejar, mas você não está limitado apenas pelos módulos inicialmente listados no site em branco.

Você também pode ajustar os parâmetros nas "lentes" e acrescentar *tags* de palavras-chave. Caso encontre dificuldades, o Squidoo possui recursos fantásticos para ajudar, incluindo o SquidU Review, um animado fórum de debate, e o Answer Deck. O Answer Deck é especialmente útil para "Squids" de primeira viagem, porque ele lista as indagações e respostas mais frequentes. O Squidoo também oferece dois livros eletrônicos gratuitos para facilitar o processo de criação das lentes. Uma ótima maneira de planejar suas lentes é ver o que os outros criaram sobre seu assunto e, então, procurar por lacunas que você possa preencher ou novas informações que você possa fornecer. É divertido verificar a lente do dia porque você nunca sabe o que encontrará.

Usando o Squidoo para os negócios

O Squidoo o convida para uma abordagem pela porta dos fundos à propaganda em vez de um ataque pelo portão principal. Numa época em que a internet aparenta estar repleta de ruidosos sites que vendem mercadorias e oferece um interminável número de páginas pressionando e coagindo o leitor a comprar, o Squidoo retorna para a original (e melhor) plataforma de venda: ter algo valioso para falar que resolve um problema.

Boas lentes do Squidoo são simples. Escreva a partir de sua paixão. Compartilhe informações que realmente auxiliam alguém a resolver um problema ou que forneçam conteúdo que é perfeito para uma pessoa que é fã do seu assunto favorito. Procure fazer sua lente a mais útil e fácil de ler que você conseguir. Se você fornecer um bom conteúdo, a comunidade o recompensará visualizando sua lente e fazendo comentários e recomendações positivas. Então, evite publicidade ostensiva e vendas forçadas. Faça a lente sobre seu produto e não sobre você ou sua empresa. E se seu primeiro rascunho de lente não for perfeito, não se preocupe. Obtenha novas ideias, leia os livros eletrônicos do Squidoo para inspiração e faça melhor da próxima vez.

Tendo dito isso, aqui estão algumas maneiras pelas quais você pode viver dentro da cultura do Squidoo e ainda beneficiar-se profissionalmente por meio de uma ou mais lentes:

~ Crie lentes por assunto. Em vez de uma lente para todo o seu negócio, escreva lentes úteis sobre "como fazer" para cada uma das diferentes áreas de conhecimento que contribuíram para o seu sucesso. (Não se preocupe; você não revelará todos os seus segredos.) Você pode começar com o tipo de informação que usaria para um artigo ou publicação em um blog, mas, então, adicione características com os módulos do Squidoo para tornar essa informação ainda mais útil.

~ Concentre-se em solucionar um problema. Esse é outro tipo de lente "como fazer", focada em um problema em vez de um assunto. Novamente, a mágica reside em fazer da lente um recurso tão útil quanto possível, sem transformá-la em uma propaganda de venda. Não faça a lente somente sobre você, sua

empresa e sua solução. Aborde o assunto de uma nova maneira, com muitos links para os recursos, inclusive o seu.
- Entregue-se à sua paixão. Pessoas que possuem uma paixão, independentemente de ela ser a construção de aeromodelos ou a montagem de empresas, amam compartilhar seus conhecimentos com outros. Escreva uma lente a respeito de algo que você se interessa entusiasmadamente, mesmo que não tenha uma ligação direta com seu produto/serviço. Sua biografia permitirá que as pessoas que apreciam sua lente descubram mais sobre você.
- Promova seu livro com uma amostra grátis, links para livrarias na internet, uma lista de críticos ou blogueiros que mencionaram sua obra e alguns detalhes pequenos e importantes que você não teve chance de compartilhar no livro. Torne isso divertido, pessoal e valioso.
- Mostre para seus leitores como extrair mais de um produto ou serviço que eles já utilizam. Talvez seja seu produto, ou talvez você tenha um complemento para aumentar a funcionalidade. Crie um site que mostre aos leitores como fazer mais com menos, fazer com que seu dinheiro renda, economizar dinheiro ou obter mais com a mesma quantidade de dinheiro, e você terá sucesso.
- Faça propaganda do seu podcast ou blog. Você pode usar o RSS para inserir seu podcast ou seus endereços

no blog e usar a facilidade que o Squidoo possui para construir lentes e fazer uma ótima página inicial a uma fração do custo da maior parte dos sites personalizados da internet. Você também pode fazer propaganda do seu site no eBay, ou criar uma loja virtual focada apenas em produtos relacionados com seu assunto.

~ Compartilhe informações que outros "fanáticos pelo assunto" amarão. Você já ouviu alguma vez um grupo, em que todos compartilham o amor em relação a um misterioso assunto, conversarem quando estão a sós? O prazer de compartilhar minúcias com outros que realmente apreciam o assunto é extremamente gratificante, independentemente do que seja seu interesse. As lentes do Squidoo são locais perfeitos para compartilhar todas essas informações fantásticas que fazem os olhos dos seus amigos brilharem, mas que serão prezadas por entusiastas, e para encontrar indivíduos que amam esses detalhes tanto quanto você. Uma ótima lente que se aprofunda num assunto pode fornecer-lhe a perícia em relação ao tópico e credibilidade entre os leitores do Squidoo, que pode fazer com que você seja convidado para participar de outro blog ou para dar palestras, ou apenas um ótimo fluxo de leitores!

Lembrete de resultados

Paixão e eficiência são as chaves para o sucesso no Squidoo.

A Regra dos 30

Invista 30 minutos para elaborar seu primeiro rascunho de página no Squidoo, e divirta-se incluindo coisas nela.

Exercícios

1. Experimente ao elaborar uma lente de Squidoo. Aproveite os links e o conteúdo que você já possui, veja o que outros sites sobre o assunto estão fazendo, e, então, ofereça algo novo.
2. Explore o Squidoo para ter uma noção das tendências, e preste atenção à sua cultura singular.
3. Curta o processo de montar uma lente e depois retornar para sessões de 30 minutos de aperfeiçoamento, em que encontrará novos recursos para acrescentar nas suas lentes.
4. Adicione novas lentes sempre que tiver algo para dizer a respeito de tendências e manchetes, quando lançar um novo livro ou produto, ou quando descobrir um desejo no mercado em relação às informações que você possa compartilhar.

CAPÍTULO 14

Você sabe como o Digg funciona?

Se você alguma vez dobrou o topo da página de uma revista ou colocou um marcador adesivo num artigo de jornal e assinalou-o para chamar a atenção de alguém, você já compreendeu a premissa por trás de sites de *social bookmarking* como Digg, Delicious e StumbleUpon.

Os Sites de social bookmarking tornam possível compartilhar com o mundo links para artigos e conteúdo on-line (vídeos, fotos, áudio etc.) que você considera interessantes. Funciona de forma semelhante a marcar seus favoritos da internet, salvando links, mas compartilhando-os com todo mundo que tem a oportunidade de votar se acham o link interessante ou não, e de fornecer suas próprias sugestões. (Esse é o componente "social".)

Esses sites também servem como um filtro acionado por pessoas. Muitos usuários da internet sofrem com o excesso de informações apenas olhando para os milhões de resultados produzidos por uma simples busca do Google. Sites como Digg, Delicious e Stumbleupon permitem que os usuários classifiquem seus tipos de informações favoritas e, então, visualizem os principais links recomendados por pessoas e não por máquinas, baseado na relevância e no conteúdo. Não é tão diferente de escolher o próximo livro que lerá da lista dos mais vendidos do *New York Times*, ou as músicas mais vendidas no iTunes antes de efetuar uma compra.

O *social bookmarking* é baseado na premissa de que, apesar da desordem e do excesso de informações na internet, o bom conteúdo ascenderá ao topo devido à propaganda boca a boca. Sites como Digg e outros centralizaram o boca a boca e criaram sistemas para compartilhar, votar e "linkar-se" ao que seus usuários consideram o melhor conteúdo da internet. Os sites variam de acordo como eles avaliam e recomendam conteúdo, mas geralmente o objetivo é enviar-lhe conteúdo relacionado com as preferências que você especificou ou com as escolhas dos seus amigos e de indivíduos com perfis e preferências semelhantes (semelhante às recomendações que a Amazon faz de livros que outros leitores também adquiriram quando eles compraram o livro que você está comprando).

Nos sites de *social bookmarking*, a conversa é toda sobre conteúdo. Você compartilha seus favoritos, comenta e vota no que outros compartilham, e convida seus amigos para verem o que você está compartilhando.

Anatomia de um site de *social bookmarking*

Embora cada um dos sites seja diferente, vamos analisar o Digg para termos uma ideia de como pode ser seu site de *social bookmarking*:

- **Perfil.** É a parte mais importante do seu site, porque permite que as pessoas o conheçam. Publique uma fotografia, fale um pouco a seu respeito para todo mundo (concentre-se no lado profissional pois você está usando o Digg para negócios) e demonstre um pouco de personalidade.
- **Favoritos.** Quando você lê um item no Digg, pode votar em relação a sua utilidade (Digg ou Bury), retuitar no Twitter, enviá-lo para seu site no Facebook ou enviá-lo, por meio de um correio eletrônico, para um amigo. Se você realmente gostar de um artigo, possem adicioná-lo aos seus favoritos, em que os outros podem ver o que você aprecia.
- **Adicione amigos.** Dependendo do seu servidor de e-mail, você pode importar as informações de contato dos seus amigos ou convidar pessoas, uma de

cada vez. Quando você adiciona amigos, será também capaz de visualizar os favoritos deles.
- **O melhor do Digg.** Assine o RSS feed do Digg e receba atualizações diárias ou semanais sobre o que está na moda. Ótimo para observar as tendências.
- **Personalize.** Permite que filtre quais assuntos você visualiza para que suas informações sejam eficientes e diretas.
- **Submeta coisas novas.** Transfira ao Digg seus próprios itens, ou em relação a coisas sobre as quais escreveu ou relacionados com assuntos interessantes de outras pessoas.

Usando *social bookmarking* profissionalmente

Embora sites de *social bookmarking* concentrem-se em conteúdo mais do que em reunir um grande número de séquitos, sites como Digg, Delicious e StumbleUpon podem, de várias maneiras, ser muito úteis para seu negócio. Eles permitem que você:
- Mantenha-se informado. Parte de ser um especialista é conquistar uma reputação de ser a pessoa "a quem procurar" para informação a respeito de determinado assunto. Especialistas devem, constantemente, adquirir novas informações para manter-se importantes, e sites sociais de *bookmarking* facilitam examinar assuntos do seu ramo de negócio.

- Adicione e compartilhe links. Sites sociais de *bookmarking* facilitam o compartilhamento de links por meio de outras mídias sociais, e possibilitam encontrar bons links para compartilhar em blogs e boletins (newsletters). Quando você encaminha leitores para recursos além daqueles que você mesmo criou, você constroi uma reputação como um líder de tendências e guru.
- Compartilhe seus próprios links com o mundo. Transfira links para suas publicações no blog, podcasts, tweets, para páginas de pessoas na internet, artigos on-line e comunicados de imprensa com outros leitores e ajude seu conteúdo a disseminar-se como um vírus.
- Observe tendências: fique de olho para ver quais itens são os mais discutidos e que podem ajudá-lo a desenvolver seus próprios assuntos de marketing e explorar os temas mais populares.
- Ajude alguém: compartilhe os artigos, tweets, críticas e publicações em blogs dos seus amigos e colegas e publique comentários positivos para gerar excitação.
- Relacione-se com outros leitores: quando você comenta a respeito de artigos e responde a cadeias de comentários, conhecerá alguns dos usuários mais diligentes desse site. Muitos usuários possuem links para seus sites de Facebook e Twitter, nos quais você pode tornar-se um amigo ou segui-los para dar continuidade à conversa.

~ Encoraje seus leitores a enviarem e marcarem suas publicações em blogs, podcasts, vídeos e páginas na internet empregando os ícones do AddThis.com. Os botões facilitam o envio do conteúdo, então, seu trabalho alcança um número maior de leitores.

~ Demonstre sua especialidade enviando, rotineiramente, links interessantes e provocadores para artigos a respeito do seu assunto ou ramo de negócio, e fazendo comentários pertinentes e inteligentes nos links publicados por outros.

~ Blogue a respeito dos links que você encontra nos sites sociais de *bookmarking*, e envie um link para sua publicação no blog para a pessoa que originalmente publicou o conteúdo interessante.

Lembrete de resultados

Construir a credibilidade de um especialista é um processo de longo prazo, aperfeiçoando um link, blog ou comentário por vez.

A Regra dos 30

Quão rapidamente você pode encontrar 30 informações valiosas para adicionar ao seu site de *social bookmarking*?

Exercícios

1. Abra uma conta e complete seu perfil em pelo menos um site de *social bookmarking*.
2. Preencha suas preferências para que você comece a receber referências a links. Verifique a informação e veja o que as pessoas estão falando sobre o assunto do seu interesse.
3. Observe as tendências relacionadas com sua área de especialidade. Trata-se de uma ótima maneira de encontrar manchetes que chamem a atenção.
4. Encontre 30 artigos, publicações em blogs, vídeos, áudios ou páginas na internet que você considera suficientemente interessantes para armazenar numa lista de favoritos (estes podem ser seus próprios ou links para conteúdos valiosos de outras pessoas) e adicione-os ao seu site.
5. Observe como a conversa se desenrola. Aprenda e repita.

CAPÍTULO 15
YouTube e Flickr: janelas para o mundo

Se sua ideia de compartilhar vídeos é ouvir um interminável relato de viagens, como faz uma criança, reconsidere. O atual mundo de vídeo on-line é engraçado, irreverente, caseiro, surpreendentemente profissional e intensamente viral.

    O YouTube é ainda o mais respeitado site de compartilhamento de vídeos. O YouTube torna extremamente fácil para carregar, rotular, descrever e compartilhar seus vídeos, e de encontrar, ver e comentar a respeito dos vídeos de outros. É surpreendentemente viciante, quer você esteja navegando por motivos profissionais ou para divertir-se; e muitos vídeos caseiros obtêm uma audiência que alguns programas de televisão sonham alcançar.

Flickr é o principal site de compartilhamento de fotografias. Embora algumas pessoas empreguem Flickr para compartilhar fotos de férias e de bebês sorridentes, há várias maneiras como Flickr pode ajudá-lo a acrescentar fotos para seus sites de mídias sociais com o objetivo de torná-los mais alegres e interessantes.

Vídeos e fotografias digitais tornaram o YouTube e Flickr possíveis. Para começar, procure adquirir uma câmera digital barata que possua a capacidade de *transferir* facilmente vídeos para um computador. Uma ótima opção é a câmera de vídeo Flip, que possui um conector de USB embutido e liga-se diretamente ao seu computador, mas você pode usar a maioria das novas câmeras de vídeo digitais. Para o Flickr, qualquer câmera digital que possa *transferir* o conteúdo por meio de um cabo USB serve para você começar.

Os consumidores atuais contam com uma experiência multimídia do tempo que passam navegando na internet. Vídeos e fotografias tornam seus sites mais interessantes, pessoais e menos estáticos. *Prospects* têm a sensação de o conhecer melhor assistindo pequenos videoclips que o apresentam compartilhando informações de uma maneira divertida. Vídeos e fotografias são uma ótima maneira de permitir que sua personalidade apareça em um meio de comunicação que é normalmente impessoal.

Uma distinção importante entre o YouTube e Flickr é que o primeiro inclui usuários e conteúdo de negócios e o

Flickr não permite um emprego comercial. Trata-se de uma diferença importante, que se deve ter em mente. (Esse é o motivo pelo qual é tão importante ler os termos e regras.) O que isso significa é que, enquanto não há problemas em transferir vídeos no YouTube que tenham conteúdo empresarial, que compartilham como empregar um produto ou serviço, ou que forneçam uma propaganda de sua empresa, não é permitido fazer o *upload* de logomarcas (logos), fotos de produtos ou anúncios. Há maneiras que você ainda pode usar o Flickr para acrescentar personalidade e criar interesse em relação aos seus sites de mídias sociais sem violar suas regras, então, continue lendo.

Anatomia de uma página do YouTube

- **Encontre amigos.** YouTube é um componente da mídia social, e convidar todos que você conhece para sua nova conta é apenas ser sociável. Você pode importar amigos da sua conta de correio eletrônico, permitir que seus amigos do Facebook e Twitter saibam a respeito do seu novo canal no YouTube e procurar, um por vez, indivíduos que você conhece. Conheça a comunidade antes de convidar desconhecidos.

- **Assinaturas.** Quando encontrar conteúdo de YouTube que achar que possa ajudar, que for interessante ou útil, você pode subscrever o RSS feed daquele usuário Lembre-se de empregar *bookmarking* para deixar outros cientes de quando você encontrou "algo especial". A seção de Assinaturas irá reunir seus canais favoritos e seus vídeos mais recentes, para que você não precise procurá-los.

- **Recomendado para você.** Baseado no que você mostrou em relação ao que aprecia, YouTube faz sugestões de outros vídeos que você poderá gostar. Trata-se de uma ótima maneira de encontrar informação nova e valiosa.
- **Caixa de entrada (Inbox).** Uma vez que você começa a postar e inscrever-se para canais de vídeos, começará a ter notícias da comunidade por meio de mensagens pessoais, comentários e convites de amigos. Você também pode empregar recados para entrar em contato com pessoas que publicaram conteúdo que você curte, que é a melhor maneira de fazer novos amigos de YouTube.
- **Atividade recente.** Este módulo permite que você visualize todo novo conteúdo recentemente adicionado por seus amigos, mesmo que você não assine seus canais. Ele também exibe os seus favoritos mais recentes, e avaliações de vídeo. (Dica: tudo que você fizer pode ser visto por todos então informe-se antecipadamente.)
- **Vídeos exibidos.** O YouTube escolhe seus próprios favoritos deixando-o ciente disso.
- **Vídeos sendo vistos neste momento.** Uma ótima maneira de ver o que está na moda e o que é popular.

- **Blog do YouTube.** A melhor maneira para obter dicas, conselhos e notícias para tornar-se um usuário que saiba empregar os recursos avançados do YouTube.
- **Configurações da conta.** Permite que você personalize os módulos na sua página pessoal da internet, institua seu perfil, crie um blog e gerencie sua privacidade e correio eletrônico.

Anatomia de uma página do Flickr

- **Personalize seu perfil.** Adicione uma fotografia e biografia que enfatizem sua identidade pessoal (não profissional). Lembre-se: o Flickr não aprecia um emprego comercial, e não convém ser advertido ou bloqueado.
- **Transfira suas fotografias.** Transfira suas fotografias da sua câmera digital para seu computador. O Flickr também aceita vídeos de até 90 segundos de duração. Certifique-se de que você assinala suas fotografias com palavras-chave de boa qualidade e legendas interessantes. Não esqueça de empregar os ícones do RSS para compartilhar suas novas fotografias com todos os seus outros sites de mídias sociais e de acrescentá-las também nos sites de *social bookmarking*.
- **Encontre amigos.** Convide sua lista de correio eletrônico e seus outros amigos de mídias sociais para

unir-se a você no Flickr. Prossiga cuidadosamente ao fazer novos amigos, e baseie suas apresentações na qualidade do conteúdo e comentários significativos a respeito de suas fotografias. Procure fazer contatos que possam beneficiá-lo e não envie *spam*. Não se trata de quantidade. Lembre-se em mantê-la pessoal e nem pense em vender algo.

- **Use photostream.** Quando você transferir as fotografias, elas aparecerão nesta seção.
- **Explore.** Esta é a parte divertida. É como folhear pelos álbuns de fotos mundiais coletivos. Você encontrará tudo e qualquer coisa. Isso pode ser viciante!
- **Blog do Flickr.** Uma ótima maneira de encontrar conteúdo novo, ver o que os outros estão fazendo e aprender mais a respeito da comunidade.

Empregando YouTube e Flickr para negócios

- Use sua câmera de vídeo digital para gravar breves segmentos de vídeos (menos que cinco minutos) nos quais você fornece um divertido "como fazer" em relação a algo da sua área de especialidade. Você também pode fazer um comentário breve em um assunto que é manchete, compartilhar algumas dicas ou criar um breve comercial engraçado, mas importante. Use sua imaginação.

- Crie seu próprio canal no YouTube por meio de frequentes publicações de vídeos. Você pode gravar vídeos, entrevistar a respeito de outros negócios ou entidades reconhecidas por possuir ideias inovadoras, ou dividir, em segmentos menores, seus seminários na internet para compartilhá-los.
- Adicione seus vídeos do YouTube à sua página na internet, ou os transfira com RSS para seu Podcast, blog ou outros sites de mídias sociais como Facebook.
- Use seu *bookmarking social* para deixar todos cientes de quando você transferiu seu vídeo.
- Tuite a respeito dos seus novos vídeos no YouTube e obtenha feedback.
- Procure por outros que estejam fazendo vídeos de negócios interessantes e entre em contato com eles. Tuite e faça *bookmark* dos vídeos deles. Forneça comentários positivos e úteis. Relacione-se além do seu YouTube por meio do Facebook ou correio eletrônico. Convide-os para serem seus amigos no YouTube.
- Encoraje seus amigos, seguidores e seus contatos da lista de correio eletrônico para encaminhar e compartilhar seus vídeos.
- Insira um link no seu vídeo mais atual no folheto do seu correio eletrônico, ou coloque um link de um vídeo especialmente bom na seção de assinatura do seu correio eletrônico.

- Crie uma série de vídeos no YouTube de um determinado assunto e depois escreva um blog a respeito. Anuncie a estreia da série por meio de comunicados de imprensa, e elabore um guia dos episódios. Introduza solenemente o último episódio da temporada e organize uma festa de encerramento virtual ou real para amigos e seguidores.
- Forneça um novo sentido para os seminários na internet e vídeos de palestras (aqueles em que os direitos autorais lhe pertencem) dividindo-os em segmentos menores e publicando-os como uma série com novos slides de apresentação/conclusão.
- Encoraje seus clientes e compradores a criarem e transferirem vídeos pessoais usando seu produto, e organize uma competição para escolher o melhor vídeo.
- Quando você viajar a negócios, crie um vídeo blog da atividade, e leve os observadores juntos. (Sempre peça permissão antes de incluir qualquer outra pessoa no seu vídeo, certifique-se de que todos tenham profissionalismo, e não compartilhe qualquer coisa que possa criar constrangimento ou infringir os direitos autorais de outra pessoa.)
- Devido ao fato de que o Flickr não deseja conteúdo comercial, prossiga cuidadosamente. Mas você é um homem de negócios, então, as fotografias podem concentrar-se no aspecto profissional de sua experiência.

- Indo para uma conferência numa locação interessante? Tire algumas fotografias do cenário e carregue-as no Flickr, depois compartilhe-as nas suas mídias sociais.
- Divertindo-se numa exposição ou evento profissional? Compartilhe fotografias com amigos e colegas. (Sempre peça permissão e certifique-se de que todos estejam com sua melhor aparência.)
- Encoraje seus amigos a levarem seu livro ou produto quando estiverem de férias e que eles lhe enviem vídeos ou fotos deles com seu livro ou produto em localidades exóticas. Crie um caderno de recorte das viagens deles.
- Tire uma fotografia na frente de sua loja quando ela estiver decorada para as festas.
- Quando você fala, ganha um prêmio ou aparece, carregue a fotografia com uma legenda apropriada.
- Acrescente algumas fotografias pessoais engraçadas: seu animal de estimação, algumas fotos panorâmicas de férias e coisas semelhantes. Não há problema em divertir-se. Se você tem um talento e deseja exibir algumas fotografias artísticas, crie uma pasta e divirta-se! Os *prospects* querem saber que você é uma pessoa de carne e osso. (Lembrete: tenha cautela ao compartilhar qualquer coisa que possa ser mal-interpretada, e como regra geral, evite compartilhar fotografias dos seus filhos, casa ou outras situações extremamente pessoais.)

~ Certifique-se de assinalar e legendar suas fotografias no Flickr para torná-las úteis e significativas, e depois use o RSS para enviar automaticamente suas novas fotografias para seus sites de mídias sociais.

~ Procure no Flickr fotografias que você aprecie, e acrescente comentários úteis e positivos, participe dos debates, tuite a respeito das suas descobertas e conheça outros usuários. Embora o Flickr não sancione que você faça uma grande quantidade de amigos ou propaganda de negócio, quando você sai e apenas encontra indivíduos sem uma agenda ou horário, se surpreenderá em como é atraído a pessoas que pensam como você e possuem interesses em comum.

Lembrete de resultados

Uma fotografia vale mais do que mil palavras — e ajuda a personalizar seus sites de mídias sociais!

A Regra dos 30

Como você pode compartilhar seu ano em 30 fotografias?

Exercícios

1. Faça uma lista dos eventos em que você participará ou será um dos palestrantes. Planeje tirar 30 fotografias digitais com legendas que sejam divertidas e exiba sua viagem de negócios ou atividades.
2. Encoraje seus clientes a enviar-lhe fotografias digitais deles mesmo trajando/usando seu produto (ou levando-o para locações exóticas). Identifique submissões no seu boletim.

CAPÍTULO 16
Obtenha negócios a partir de fóruns, conversas e threads*

Quando a internet começou, estava repleta de indivíduos com conhecimento acadêmico que reconheceram seu potencial precoce como um local para compartilhar recursos e trocar informações. Embora a internet tenha se tornado extremamente comercial, a cultura de doação ainda domina o que os residentes da internet consideram um comportamento

---

* Uma corrente de mensagens sobre determinado assunto na internet. (*N. do T.*)

comunitário. Não é muito diferente do comportamento comunitário fora da internet pelo fato de que gostamos de conhecer indivíduos antes de eles tentarem nos vender algo. Uma das melhores oportunidades para você demonstrar on-line que é um bom vizinho da internet e um especialista crível é por meio dos fóruns, debates e correntes de discussões que pertençam a seu assunto ou ramo de atividade.

O poder de responder indagações

Muitos sites dedicados a um assunto, passatempo, ramo de atividade ou a um interesse em particular têm locais para fazer e responder perguntas. Para reduzir o *spam*, a maioria desses locais exige filiação ou uma inscrição com senha. Escolha cuidadosamente seu nome de inscrição porque, quando você está na internet para desenvolver seu negócio, o ideal é que as pessoas possam identificá-lo facilmente e que possam encontrar sua página, a da sua empresa ou produtos na internet. É melhor escolher o nome de usuário mais próximo do seu verdadeiro nome ou de sua empresa quanto for possível, e evitar números ou símbolos extras que possam torná-lo difícil de ser lembrado.

Quando você estiver na internet, passe algum tempo navegando antes de começar a responder ou fazer perguntas. Familiarize-se com quem são os habituais frequentadores e qual é o tom do site. Você consegue reconhecer tendências singulares nos assuntos? Poucas pessoas dominam a conversa? Há muitos indivíduos novos procurando por informações ou é apenas um espaço pessoal para desabafar com a presença de poucos veteranos?

Em condições ideais, você quer que seja um espaço vibrante para discussões, onde haja uma boa mescla entre especialistas, novatos e inquisidores que retornem. Sites populares têm uma ampla gama de colaboradores, não apenas algumas vozes dominantes, e mantêm uma postura de boas-vindas em relação a uma diversidade de opiniões.

Sua meta é encontrar alguns sites em que você possa tornar-se um valorizado membro da comunidade fornecendo respostas de qualidade para perguntas significativas que se referem à sua especialidade. Por exemplo, o fórum no site MarketingProfs.com encontra-se ativo com conversações distintas, e ele dá as boas-vindas para especialistas, alunos e donos de negócios para animadas discussões em relação a assuntos de marketing. Alguns sites (tais como MarketingProfs.com) até dão pontos para as melhores respostas, criando uma competição entre especialistas para fornecer as informações mais úteis em troca da honra de tornar-se o colaborador com muitos pontos.

Se o site fornece ou não um sistema de classificação, não demandará muito tempo para você descobrir quem fornece a melhor informação e quem é procurado pela sua liderança e conselhos inteligentes dentro da cultura do site. Tornar-se um especialista reconhecido de um site não é uma tática de marketing que forneça resultados rápidos, mas ele pode recompensar no futuro à medida que admiradores na internet comecem a procurar você para projetos de consultoria ou colaboração.

Conversas, fóruns e threads

Os sites de debates normalmente possuem três estruturas principais: conversas, fóruns ou *threads*. Cada um funciona de forma um pouco diferentemente do outro, mas todos podem ser legítimas maneiras de demonstrar sua especialidade dentro de uma comunidade que você valoriza.

Conversas ocorrem em tempo real, semelhantemente às mensagens instantâneas ou textos dos celulares, mas em uma sala de bate-papo. Todas as pessoas que estão conectadas na sala podem ler essa conversa. Os indivíduos se encontram espontaneamente ou concordam em encontrar-se para um evento pré-agendado, e então discutem um assunto. As perguntas e respostas acontecem ao vivo, e um registro da conversa pode ser salvo ou impresso para ser arquivado.

Os fóruns são os mais comuns, e eles consistem de uma pergunta publicada e respostas fornecidas por qualquer participante. Fóruns são sociedades on-line nas quais alguém pode buscar o discernimento de um grupo maior, normalmente para resolver um problema ou encontrar um recurso específico. Pode haver um intervalo de tempo de horas ou dias entre a publicação da pergunta e o aparecimento da resposta, e algumas conversações de fóruns podem continuar indefinidamente. As publicações dos fóruns também podem ser arquivadas, salvas ou impressas.

Threads se assemelham mais a correios eletrônicos com um longo histórico de respostas e envios. Frequentemente, eles começam como e-mails que são lidos publicamente, com muitas pessoas participando para acrescentar suas informações. Elas podem permanecer focadas no assunto original ou desviar-se para questões secundárias. As seções de comentários dos blogs são classificadas na categoria de *threads*. Assim como grupos de debates e fóruns, o conteúdo de *threads*, essencialmente, perdura para sempre e pode ser impresso ou salvo.

O benefício de responder para grupos de debates, fóruns e *threads* é que você pode obter uma visibilidade mundial pelo preço de algumas boas respostas. A maioria das perguntas exige apenas 15 minutos para serem respondidas. Se você assina suas publicações com um bloco de assinatura (*signature block*) que inclui seu nome, página na internet e empresa, os leitores que apreciam o que você tem para falar podem encontrá-lo fora do site para conversas adicionais. (Evite incluir um endereço eletrônico para evitar que robô-spammers retenham sua informação.)

O fato é que apenas 10% dos membros do site participam ativamente em criar ou cuidar de conteúdo. A maioria dos membros apenas navega por um site, ou o visita ocasionalmente. Se você está disposto a publicar frequentemente e a compartilhar boa informação, poderá, no espaço de poucos meses, obter uma reputação de um especialista que todos procuram nos momentos de dificuldade.

Faça os comentários trabalharem mais para você

Você pode dar um novo propósito, de várias maneiras, ao importante conteúdo que compartilha em salas de bate-papo, *threads* e comentários e fóruns de modo que você escreva uma vez e colha os benefícios continuamente. Se o site oferecer *social bookmarking*, use esses links para deixar que o mundo saiba sobre a instigante conversa que você está tendo. (Muitos sites de associados são protegidos por senhas e não oferecem esta função, mas alguns sites abertos, sim.) Adicionalmente, muitos sites de associados têm um "crachá" com o logotipo do site e um link para seu perfil, que pode incluir suas publicações recentes. Use isso para conectar suas outras páginas na internet e suas páginas das mídias sociais e convide outros para participarem do debate.

Salve uma cópia das suas publicações e reutilize-as no seu blog com uma pergunta reiterada, ou use a breve resposta do fórum como o ponto de partida para um artigo maior, publicação no blog, uma série de Twitter ou como uma pasta para um futuro livro. Identifique tendências e assuntos populares assistindo aos debates mais acalorados, e então maximize essa tendência falando mais detalhadamente sobre esse assunto no seu Twitter ou blog, ou convidando seus amigos/seguidores das mídias sociais para um debate completamente novo nos seus sites.

Você também pode publicar suas perguntas nos sites de salas de bate-papo/fóruns/*thread*, e solicitar *feedback*, estudos de casos, e a opinião de outros membros do site. Isso pode ser muito importante para desenvolver material para artigos e palestras, ou para alterar apresentações como exemplos reais.

Palavras aos sábios: tenham cuidado

Assim como qualquer outra coisa na internet, o que você publica numa sala de bate-papo, fórum, comentário ou corrente é perene e potencialmente investigável. É aconselhável pensar antes de publicar, e evitar comentar quando está nervoso ou mal-humorado. Lembre-se de que um assunto pelo qual você se sente apaixonado hoje pode parecer desprezível no ano que vem, mas seus comentários, se desmedidos, podem pertubá-lo para sempre. Certifique-se de que tudo que você publica o representa como um indivíduo crível, tranquilo e especialista criterioso em quem as pessoas confiariam seus negócios.

Lembre-se de que leis de blasfêmia e calúnia se estendem a cópias on-line, e evite publicar informações para prejudicar a reputação de alguém. Do mesmo modo, regras referentes às infrações de plágio e direitos autorais também aplicam-se às publicações de fóruns/salas de bate-papo/*threads*, então certifique-se de que seu conteúdo é original ou que você atribua apropriadamente as citações a outros. É considerado falta de etiqueta citar, sem permissão, alguém que não estiver participando do debate do fórum (e em alguns sites tal ato encerrará sua conta). Se os temperamentos esquentarem, mantenha a classe e o decoro profissional.

Sempre reveja sua publicação antes de submetê-la, para verificar o tom e a ortografia. Certifique-se de que sua publicação não possa ser facilmente mal interpretada ou citada fora do contexto, e que seu tom permaneça amistoso. Evite sarcasmo, pois podem resultar em mal-entendidos. A maioria dos sites possui uma política de tolerância zero em relação ao *spamming* para outros membros ou forçar uma venda, então saiba e respeite as regras da comunidade.

Você pode começar com o pé direito para tornar-se um especialista em salas de bate papo/fórum/*thread* em 30 dias, mas saiba que relacionamentos exigem tempo para se tornarem mais estreitos, e sua participação contínua e consistente será o que finalmente resultará em contatos de negócios.

Lembrete de resultados

Tornar-se o especialista que todos procuram em um fórum on-line exige comprometimento, mas compensa em termos de um reconhecimento global e oportunidades para novos negócios.

A Regra dos 30

Trinta publicações durante 30 dias, lido por 30 pessoas, lhe expõe a 900 pessoas que você não teria conhecido.

Exercícios

1. Inscreva-se em um ou dois sites para associados que sejam importantes para seu negócio e que tenham fóruns on-line (verifique o quão ativos os fóruns são antes de participar deles).
2. A cada dia, durante 30 dias, responda pelo menos uma pergunta. Certifique-se de que sua assinatura e dados de contato estejam completos e forneça um conteúdo que ajude.
3. Use os perfis on-line para conhecer seus colegas especialistas e os inquiridores frequentes. Pense em como acrescentar valor e estender a conversa.

CAPÍTULO 17

Eleve o retorno sobre o investimento dos seus sites de interesse e ramo de atividade

Algumas das oportunidades mais lucrativas do marketing nas mídias sociais também estão entre as mais negligenciadas. Praticamente, todas as organizações oferecem uma comunidade on-line quando você se associa a elas, mas poucos indivíduos aproveitam completamente as oportunidades criadas para fazer negócios em um mercado mais amplo. Organizações de ex-alunos, câmaras de comércio, negócios, clubes profissionais e industriais e associações de classe oferecem possibilidades fantásticas de conhecer *prospects*, encontrar colaboradores e parceiros para um empreendimento conjunto e aumentar as vendas.

Comece com o perfil

O modo pelo qual outros terão o primeiro vislumbre de quem você é e que especialidade oferece é através do seu perfil. Comece com uma fotografia atual. Sem foto, seu perfil não tem rosto. Pessoas querem tratar com outros indivíduos, e sua fotografia assegura aos leitores que você existe.

Alguns sites têm perfis que se concentram em marcos acadêmicos ou de carreira, ao passo que outros oferecem mais liberdade com listas ou parágrafos. Faça com que seu perfil seja atraente concentrando-se no benefício que você oferece para clientes e os problemas que resolve. Incorpore links para áudio ou vídeo para permitir que sua personalidade brilhe. Mantenha os parágrafos curtos e empregue verbos de ação.

Lembre-se de que um perfil não é para ser um resumo. Mantenha-o coloquial e direcionado para benefícios, mas acrescente detalhes suficientes de sua carreira profissional para ressaltar sua credibilidade. Se você já publicou, acrescente os títulos dos seus livros mais recentes. Se o perfil solicitar informações sobre passatempos, selecione alguns favoritos; estes podem ser ótimos quebra-gelos para conversas e podem atrair outros adeptos do seu passatempo.

Esses detalhes ajudam a humanizar seu perfil e consolidam a personalidade.

Obtenha mais do diretório

Sites de clubes, organizações ou sociedades frequentemente enumeram um diretório de inscrição on-line. Empregado corretamente, ele pode ser uma poderosa ferramenta para fazer contatos novos e lucrativos. Uma adesão compartilhada não libera o envio de *spam* a outros, e discursos de vendas não solicitados podem resultar na revogação de privilégios ou no banimento do site. Em vez disso, procure áreas de interesse comum com as pessoas, e envie um e-mail pessoal para se apresentar e solicitar um contato telefônico. Mostre o que você gostaria de debater, para eliminar quaisquer receios de que seu telefonema pode tornar-se um papo de vendedor. Boas razões para estabelecer uma relação incluem a possibilidade de uma colaboração ou empreendimento conjunto, a oportunidade de compartilhar recursos ou de tornar-se fonte de referências um para o outro ou a oportunidade de vocês se tornarem aliados num lucrativo novo negócio.

Faça com que seu primeiro e-mail seja pessoal, amistoso e breve. Não inclua muitos links e não tente comercializar nada. Apresente-se como um membro da organização, e mencione o que chamou a sua atenção no perfil daquela pessoa. Sugira uma maneira em que talvez vocês sejam capazes de ajudar um ao outro, e solicite um contato telefônico. Use o telefonema para determinar quão boa é a compatibilidade em relação a interesses e personalidade, e prossiga a partir desse ponto. Dado que a maioria dos membros ignora completamente os potenciais contatos no banco de dados da associação, você provavelmente será um dos poucos que se esforça para conhecer os membros fora desse ambiente virtual.

Outras novas oportunidades podem surgir, por meio do banco de dados dos associados. Por exemplo, conhecendo alguém da sua organização que mora num estado ou país diferente você pode ser convidado para falar nas reuniões de sua cidade ou apresentar uma publicação no blog, artigo ou *white paper*. O estabelecimento de amizades profissionais ao redor do país ou do mundo facilita perguntar o ponto de vista de um membro da organização quando uma viagem o levar ao local onde ele resida. Decisões de compra na internet em uma economia global não se baseiam mais em proximidade, e seus novos contatos podem ajudá-lo a economizar ou aumentar sua produtividade sugerindo recursos que você ainda não descobriu.

Não descarte relacionar-se com outras empresas que aparentam ser concorrentes. Poucas empresas são realmente idênticas em habilidades ou ênfases, e, frequentemente, competidores antigos podem conquistar mais ou maiores contratos aliando-se, alavancando suas qualidades singulares.

Se sua empresa tem uma conferência anual, empregue o banco de dados dos associados para ajudá-lo a agendar reuniões com *prospects* antes de você sair de casa. Dois meses antes da conferência entre em contato com as pessoas que você tem mais interesse em conhecer para ver se elas planejam participar. Se sim, combine de encontrá-las para um café da manhã, almoço ou um aperitivo à noite. Em vez de imaginar se a viagem será produtiva ou não, você já terá uma lista de encontros programados.

Não se esqueça de que clubes, associações e organizações frequentemente têm associados que são vendedores e que fornecem serviços ou descontos para outros membros. Você pode usar as ferramentas de mídias sociais do site para conhecer esses associados, e empregar as mesmas estratégias para contatá-los para networking ou na preparação de uma conferência ou exposição. Vendedores podem ser poderosas fontes de referências assim como importantes parceiros. A criação de uma relação por meio das ferramentas de mídias sociais no site dos associados pode eliminar o constrangimento de uma ligação de venda, por ter sido iniciada anteriormente em interesses compartilhados. Se o site publicar de antemão a programação da conferência, verifique os oradores, os líderes inovadores e principais vendedores que você mais gostaria de conhecer, e veja se estão listados no diretório dos associados. Se sim, faça um contato antes da apresentação e programe encontrá-los de antemão. Esta é uma ótima maneira de destacar-se da multidão porque na apresentação você não fará somente isso: estará retomando um contato antigo.

Você também pode usar o diretório dos associados para conhecer os líderes das filiais de outras cidades ou regiões. Isso pode abrir portas para compromissos para dar palestras, participar como convidado em outros blogs ou novas oportunidades de networking. Quando você estiver planejando viajar para uma região que tenha uma filial de sua organização, use o diretório dos associados para entrar em contato com os membros locais para encontrá-los para um café ou jantar. Filie-se aos subgrupos de sua organização ou clube em outros sites de mídias sociais, tais como Facebook ou LinkedIn, e conheça os membros de outras regiões por meio de salas de bate-papo e fóruns. Você se surpreenderá em como esse relacionamento on-line pode acelerar a formação de alianças e oportunidades lucrativas quando vocês finalmente se encontrarem pessoalmente.

Assuma uma posição de liderança

Os instrumentos de mídias sociais dos sites de clubes, associações e organizações de ex-alunos são poderosos devido a uma aliança compartilhada assim como interesses e metas em comum. Comparados com o tamanho gigantesco de sites públicos como o Facebook, a maioria dos sites de clubes ou ramos de atividade são comunidades relativamente pequenas dentro das quais é mais fácil conhecer pessoas e tornar-se conhecido como um especialista que oferece ajuda. Devido ao fato de que a maioria dos sites e comunidades depende de um percentual pequeno de membros participativos para gerar conteúdo e mantê-lo em funcionamento, você pode tornar-se um líder simplesmente aparecendo frequentemente com contribuições consistentemente úteis e um interesse genuíno em ajudar todos os membros a se desenvolverem e serem bem-sucedidos.

    O conselho no Capítulo 16 sobre publicar respostas úteis a perguntas pertinentes nas seções de salas de bate-papo/fórum/*thread*/comentários também vale para sites de clubes e associações. Você também pode ser capaz de publicar no blog de um membro, ou contribuir com conteúdo num blog compartilhado. Exiba qualidades de liderança mantendo-se longe de polêmicas on-line e oferecendo informações úteis de maneira sólida na sua área de especialidade. Faça referência à sua empresa, experiência ou produtos, mas não force uma venda. Ofereça-se para capitanear discussões específicas, seja o moderador de fóruns, ou organize eventos on-line. Trabalhe com o moderador do site para criar pesquisas de opinião pública ou junto aos membros, e depois compartilhe os resultados com o grupo. Você estará visível de uma maneira muito positiva, e os membros reconhecerão seu nome e empresa.

    Se seu conteúdo está firmemente ligado à sua especialidade e com exemplos de clientes e pequenos estudos de casos, os membros terão uma ideia clara do que você oferece e das soluções que fornece sem que você tenha a necessidade de vender. Um bom perfil e seção de assinatura para suas publicações no fórum facilitarão que seus leitores interessados entrem em contato com você fora do site se eles estiverem interessados nos seus serviços.

Lembrete de resultados

Lidere fornecendo ótimas informações e ajudando outros a serem bem-sucedidos para alcançar eminência em qualquer comunidade on-line à qual você esteja filiado.

A Regra dos 30

Conheça 30 pessoas novas do banco de dados, publique 30 respostas para perguntas do fórum, programe ligações ou encontros com 30 outros membros e veja as oportunidades florescerem!

Exercícios

1. Crie um perfil completo e atraente que se concentre no benefício que você fornece aos clientes e nos problemas que você resolve.
2. Aplique o conhecimento do seu melhor cliente/potencial, cliente/parceiro que você adquiriu analisando perfis no banco de dados dos membros e faça um e-mail de apresentação, pessoal e personalizado, que enfatize relacionamentos e não vendas.
3. Alavanque sua filiação procurando grupos relacionados aos clubes/organizações no Facebook, LinkedIn e Twitter.

CAPÍTULO 18
Mídias sociais e relações públicas

As mídias sociais fizeram desaparecer as diferenças entre relações públicas (RP) e o marketing on-line. Também criaram uma poderosa ferramenta para donos de negócios, profissionais e autores para alcançar audiências globais espalhando-se rapidamente de maneiras que só poderiam ser sonhadas pelas grandes agências de propaganda. Embora haja algumas maneiras em que RP e as mídias sociais possam reforçar uma a outra, há também diferenças distintas, e um sábio **self-promoter*** respeitará as distinções.

---

* Pessoa que promove os próprios interesses, perfil. (*N. do T.*)

Uma breve cartilha de relações públicas

Relações públicas é arte de obter publicidade gratuita, normalmente através de cobertura nos tradicionais meios de comunicação como jornais, revistas, televisão e rádio. Com o crescimento da internet, esse campo de possibilidades expandiu-se para incluir as versões on-line de jornais e revistas, sites de vídeo como YouTube, além de podcasts e programas de rádio na internet como aqueles oferecidos pelo blog Talk Radio.

O comunicado de imprensa é o "escravo" do relações públicas tradicional, que até mesmo na era da internet permanece o mesmo. O formato padrão assemelha-se a isto:

PARA UM COMUNICADO IMEDIATO

Contate: (Seu nome e e-mail ou telefone)
Uma manchete cativante com eficientes palavras-chaves

Cidade, estado: uma frase inicial que chame a atenção com as principais palavras-chave e verbos de ação, e uma ou duas breves sentenças adicionais que abrangem quem, o que, quando, onde e por que devemos prestar atenção.

Segundo parágrafo curto (de uma a três sentenças), que forneça um histórico e contexto.

Terceiro parágrafo curto (de uma a três sentenças) que inclui uma linha de histórico da sua empresa, o que ela produz e para quem, mais um e-mail, página na web e número de telefone.

É só — nada misterioso ou esotérico em relação a esse documento simples que irá demonstrar sua habilidade em fazer com que editores e leitores prestem atenção ao que você está oferecendo.

Uma das maiores mudanças que a internet fez com as relações públicas é a capacidade de pessoas comuns, que não são repórteres, encontrarem suas próprias notícias on-line sem a presença de um intermediário da mídia. Atualmente, a maioria das pessoas irá conduzir uma busca de um assunto através do Google em vez de aguardar o jornal de amanhã, a revista do mês que vem, o noticiário das 18h. Os sites de notícias on-line funcionam 24 horas por dia, sete dias por semana, criando uma demanda insaciável por notícias que dependem de um fluxo contínuo de boas histórias, o faro de jornalistas e comunicados de imprensa. Por um lado, isso significa que sua notícia nunca foi tão requisitada por sites de notícias como é atualmente. Por outro lado, significa que há uma quantidade incrível de "ruído" que seu comunicado deve superar para ser notado.

As várias novas faces das notícias

Antes da internet era fácil encontrar repórteres porque eles trabalhavam para jornais, revistas, televisão ou rádio. Atualmente, blogs e sites de mídias sociais criaram o surgimento do cidadão-jornalista, pessoas que relatam ou comentam assuntos sem um treinamento formal ou um emprego em um meio de comunicação. Alguns sites são desabafos pessoais, outros exibem boas habilidades de reportagem e um verdadeiro faro para notícias. Nos últimos anos, blogueiros anunciaram importantes notícias antes de renomados jornais. Canais de notícias (CNN, por exemplo) começaram a adotar e desenvolver o cidadão-jornalista fornecendo maneiras para que as pessoas enviassem seus próprios vídeos, fotografias de celulares e relatos do local. A capacidade de enviar textos, tweets e fotografar por meio de celular uma cena das notícias mais recentes significa que a pessoa comum que estiver no local certo, na hora certa, tem boa oportunidade de ser a principal fonte do noticiário. O aparecimento do cidadão-jornalista juntamente com a diminuição das receitas de propaganda e queda de assinaturas levaram os jornais e as revistas a reduzirem algumas seções de suas coberturas. Críticas literárias são um bom exemplo dessa tendência, e são um local em que os sites de mídias sociais mais que preencheram a lacuna, fornecendo mais locais para cobertura do que nunca.

Trata-se de notícias ou mídias sociais?

A resposta: ambos. As mídias sociais são apenas um novo veículo para o tipo mais antigo de notícias: boca a boca. A diferença reside no estilo de comunicação e do relacionamento com o público. Embora sua influência tenha diminuído, os tradicionais meios de comunicação permanecem importantes para os que procuram publicidade. Mas antes era necessário o envio pelo correio, e-mail ou um repórter, agora é possível encontrar sites de mídias sociais de um repórter e iniciar uma conversa em um ambiente menos formal e mais acessível. Repórteres e apresentadores de programas de televisão atualmente escrevem em blogs, usam o Twitter e publicam páginas no Facebook, todos os meios que tornaram possível comentar ou conectar-se fora dos canais tradicionais. A principal diferença é que os contatos realizados através das mídias sociais devem ser através de conversas, ao passo que o verdadeiro discurso de venda deve ser feito por meio dos canais tradicionais como e-mail ou telefone.

Atualmente, as páginas de imprensa das corporações frequentemente incluem blogs, Twitter feeds, vídeos de YouTube e áudio e oferecem a repórteres a oportunidade de assinatura por meio de um RSS feed. Você também pode criar uma página de mídia (e de consumidor) similar, em que todos os meios se agrupam em um lugar só no seu site e incorporar suas mídias sociais para fornecer uma apresentação, rica em conteúdo, a seu respeito, além dos seus produtos ou serviços.

Sites que distribuem comunicados de imprensa online (independentemente de eles publicarem mediante pagamento ou serem gratuitos) são uma ótima maneira de aumentar o tráfego tanto para sua página na internet quanto para seus sites de mídias sociais. O último parágrafo de um comunicado de imprensa é denominado o *boilerplate*;

trata-se de uma cópia que permanece igual de lançamento a lançamento, e inclui uma breve descrição da empresa e seu contato. Quando você escreve comunicados que são elaborados para atrair o interesse de repórteres e consumidores, pode direcioná-los a visitar seus outros sites para maiores informações ou para vendas imediatas. Comunicados de imprensas que você publica on-line fazem duas coisas muito valiosas: eles aumentam a visibilidade de sua marca nos provedores de busca e melhoram o ranking do seu site por meio de um incremento no tráfego e *in-bound* links.*

A maior diferença entre notícias e mídias sociais está no contexto e estilo da comunicação. A maioria dos jornais e revistas (sejam eles on-line ou impressos) tem uma narrativa em terceira pessoa. Isso é ideal para o comunicado de imprensa tradicional. As mídias sociais, porém, são de conversação e informais. Como regra geral, blogueiros e os proprietários dos sites de mídias sociais não gostam de receber comunicados de imprensa. Eles preferem ser abordados com um e-mail pessoal ou mensagem direta e conversas inquisitivas para ver se o assunto é interessante. Os sites de notícias têm a tendência de tratar de eventos, produtos e anúncios num estilo imparcial e impessoal, tanto quanto for possível. Os sites de mídias sociais deleitam-se nas suas personalidades peculiares e projetam em tudo a

---

* *In-bound* links são links de páginas em sites externos com acesso para seu site. (*N. do T.*)

voz e a opinião do proprietário do site. Os tradicionais sites de notícias também têm a tendência de exibir mais contenção em termos de emoção e evitam o uso de blasfêmias. Os sites de mídias sociais são fóruns amplos que abrangem desde o restrito ao vale tudo.

Quando uma história, imagem ou vídeo espalha-se que nem um vírus, significa que captura a imaginação de tal modo que pessoas começam a enviá-lo para seus amigos sem restrições. Às vezes, uma história ou imagem popular também é relatada nos meios tradicionais de notícia se obtiver popularidade suficiente. É importante lembrar que todas as RP, virais ou não, ocorrem com uma completa ausência de controle por parte da fonte depois que o botão "enviar" é pressionado. Você pode não gostar do que um repórter ou blogueiro fala sobre sua empresa ou seu produto, e você pode não aprovar os contextos nos quais sua imagem ou história popular é transmitida. Que pena! Essas são as regras do jogo.

Alavacando RP e as mídias sociais

Quando você usa as RP e mídias sociais tradicionais para uma reforçar a outra, utilizando as qualidades singulares de ambos os veículos, sua publicidade pode receber uma grande alavancagem.

Antes de você expor algo para um repórter, verifique as mídias sociais dele ou dela. Faça comentários que incluam uma assinatura com seus dados completos e faça referências à sua empresa/produto/livro de um modo que não pareça que está vendendo. Se há poucos repórteres nos quais deseja focar, você pode iniciar esse processo muito antes de o seu lançamento estar pronto para ser anunciado.

Crie um blog apenas para seus comunicados de imprensa, e empregue o RSS para alimentá-lo para sua página na internet e páginas nas mídias sociais para que a notícia seja facilmente atualizada e arquivada. Um blog de notícias também oferece a opção para repórteres ou jornalistas independentes interessados em subscreverem para atualizações futuras. Lembre-se de incluir seus vídeos e áudios assim como seus comunicados de imprensa padrão.

Quando você publica um comunicado de imprensa para um site de distribuição on-line, certifique-se de que as manchetes e cópias sejam repletas de palavras-chave para uma busca otimizada, e possuam bons links para sua página na web e páginas de mídias sociais. Leve os leitores diretamente para a página apropriada do assunto, não apenas para a página principal do seu site. Não esqueça de preencher a seção de *tags*, onde você pode incrementar ainda mais a capacidade de pesquisa. Quando seus comunicados de imprensa são publicados on-line, certifique-se de acrescentá-los aos sites de *social bookmarking* para aumentar sua visibilidade.

Quando um artigo, entrevista de rádio ou sua publicação no blog de outra pessoa forem publicados on-line, envie o link por meio do Twitter e deixe seus amigos do Facebook e LinkedIn cientes, atualizando a *timeline*. Escreva no seu blog sobre a experiência de ser entrevistado, ou incremente o artigo ou entrevista com informações adicionais que você não teve oportunidade de compartilhar, e assegure-se de incluir o link. Adicione o link ao seu kit de comunicado on-line com um marcador que exiba o nome da publicação/blog/estação e a data. Certifique-se de submeter os links do artigo ou entrevista também para os sites de *social bookmarking*.

Crie notícias blogando ao vivo a partir de eventos de determinados ramos de atividades e por meio de vídeos no local e transfira-os para a internet. Faça pesquisas de opinião nos seus sites de mídias sociais, e relate os resultados por meio de comunicado de imprensa para sites tradicionais e de notícias. Torne-se amigo e siga os repórteres e blogueiros para quem você espera expor seus produtos ou serviços, e preste atenção aos tipos de assuntos discutidos e abordados por eles nos seus sites de mídias sociais próprios, assim como nos seus artigos, palestras ou blogs. Torne-se parte da notícia lançando seu próprio podcast ou blog, que merecem ser publicados, e publique conteúdo importante, não relacionado com vendas, que atraia a atenção das mídias tradicionais e on-line.

Embora as distinções entre notícias e mídias sociais não sejam tão nítidas, os consumidores são beneficiados por informações inesperadamente boas, e empresas buscando fazer propaganda de seus produtos têm mais oportunidades do que jamais tiveram. As mídias sociais não só podem aumentar a eficiência de sua propaganda, mas podem criar uma plataforma mundial de RP poderosa e interligada para você e seu negócio.

Lembrete de resultados

Lembre-se de entreter, informar e manter o foco em lançamentos relacionados a "como os leitores podem se beneficiar" para obter o máximo de impacto.

A Regra dos 30

Identifique 30 repórteres/bloqueiros/apresentadores cujos programas ou sites são perfeitos para seu público-alvo e assunto, então compile informações em como contatá-los e não perca tempo!

Exercícios

1. Elabore seu comunicado de imprensa com as mídias sociais com buscas on-line em mente, empregando palavras-chave e sentenças curtas e cheias de verbos.
2. Construa seu banco de dados de sites de distribuição de comunicados de imprensa, mídias tradicionais e eletrônicas, blogueiros e sites de mídias sociais que se dediquem ao seu assunto.
3. Certifique-se de que o foco do seu conteúdo seja benéfico aos leitores e lembre-se de que tanto repórteres como *prospects* lerão seu comunicado de imprensa.

CAPÍTULO 19
Mídias sociais e promoções de venda

Todas as vendas acontecem em algum tipo de comunidade. Pode ser uma cidade pequena, uma metrópole, região, país ou o mercado global, mas a comunidade é um componente essencial do processo de vendas.

As vendas ocorrem porque o comprador percebe uma necessidade urgente. Promoções de vendas não podem criar essa necessidade, mas podem atiçar a sensação de urgência, e superar objeções tornando fácil comprar sob condições bastante favoráveis.

As mídias sociais oferecem promoções exclusivas para seus amigos, fãs e seguidores. Você pode criar liquidações especiais ou pacotes somente para seu público nas mídias sociais, e receber *feedback* de clientes e potenciais clientes em relação a que tipo de vendas com desconto e ofertas promocionais eles mais gostariam de receber. Você também pode empregar as mídias sociais para criar incentivos para seus amigos, fãs e seguidores para se tornarem sua equipe de vendas virtual e ajudá-lo a espalhar o boato.

O poder das promoções

Todo mundo adora "ser conhecido". As pessoas são atraídas pela oportunidade de se tornarem um VIP e de participarem do círculo interno, recebendo benefícios especiais não disponíveis para todos. As mídias sociais criam uma nova maneira de oferecer cupons, descontos e informação a respeito de liquidações e ofertas especiais para as pessoas que se tornaram seus amigos, fãs e seguidores on-line. Combinando as melhores características da lista de e-mail marketing e malas diretas (sem o custo da tarifa do correio), as promoções nas mídias sociais podem incrementar sua estratégia promocional e conquistar seguidores leais.

Uma forma de promoção de vendas nas mídias sociais é o crescimento de sites (com componentes internos de mídias sociais como blog e Twitter) que ajudam os clientes a procurarem pechinchas maximizando seu uso de cupons. Sites como o TheGroceryGame.com ensinam os compradores como obter o melhor valor enquanto compartilham cupons e estratégias para reduzir custos. Esses sites criam seguidores leais e fornecem um ambiente estimulante para comerciantes descobrirem liquidações e preferências de produtos.

Se você oferecer ofertas diárias ou semanais, empregue as mídias sociais para conscientizar seus amigos e seguidores. Tuite a respeito do seu sabor do dia ou a respeito de uma promoção de preço para uma quantidade limitada de itens. Blogue a respeito das liquidações que estão por vir para obter o maior valor em relação à sua compra. Forneça um benefício tangível ajudando os compradores para que eles aprendam como obter mais valor com a mesma quantidade de dinheiro compartilhando estratégias de compras tarimbadas.

Construa sobre a ideia testada e comprovada de ser membro VIP com as mídias sociais. Crie uma página no Facebook ou Twitter em torno das ofertas para os VIPs. Claro todos podem ler a página, mas somente seus VIPs têm direito às ofertas, criando "inveja positiva" e encorajando os não membros a filiarem-se ao grupo. Ou crie seu próprio site de sócios para seus VIPs com o Ning.com. Se você tem uma área para VIPs na sua página da web, adicione um blog, fotografias e vídeo. Você pode até mesmo encorajar seus membros a enviarem fotos ou vídeos pessoais como referências.

Se você vender a partir de sua página na web, Twitter ou blog, publique no seu site de mídia social tão logo novos itens surjam na sua loja virtual. Ofereça promoções especiais para compradores que comprarem nas primeiras horas após a colocação de um novo produto on-line.

Crie ofertas para os primeiros compradores publicadas exclusivamente nas mídias sociais para aumentar o interesse em ser seu amigo.

Leve sua equipe de vendas para as ruas

Estações de rádio usaram durante muito tempo "equipes de ruas" de estagiários ou voluntários para panfletarem, encherem as caixas de correios e criarem comoção sobre eventos e novos artistas que estavam por vir. Você pode criar sua própria equipe de vendas e alavancar o poder de mídia social dos seus amigos e seguidores on-line mais ávidos, oferecendo a eles a oportunidade de promoverem uma causa ou produto no qual eles acreditam.

Isso funciona particularmente bem para produtos que possuem um público-alvo específico, usuários entusiasmados, e um objetivo. Por exemplo, autores e bandas frequentemente convocam equipes de rua para ajudarem a espalhar a notícia de um novo livro ou CD. Organizações sem fins lucrativos e que se envolvem com organizações sociais frequentemente recrutam equipes de rua para atuarem na linha de frente de eventos e angariar fundos, independentemente de serem corridas de 5 quilômetros, vendas de bolachas ou maratonas de pular corda.

O sucesso de uma equipe de vendas exige que você tenha um conhecimento aguçado do seu público-alvo e fãs mais devotados, e saiba o que os motiva. Uma motivação significativa pode ser surpreendentemente barata, e pode incluir reconhecimento, cupons, camisetas, fotos publicadas on-line ou a capacidade de contribuir com conteúdo ou ideias. Os autores, às vezes, recompensam os dedicados membros de suas equipes de ruas empregando seus nomes como personagens num futuro livro. As bandas de música dão camisetas e CDs, ou downloads de uma música ou vídeo especial.

As equipes de ruas podem ser particularmente eficientes quando seus membros têm credibilidade junto a um público que pode desconfiar das propagandas tradicionais ou que seja muito pequeno para ser alcançado por meio dos canais convencionais de propaganda. A efetividade da equipe de vendas reside no seus membros pertencerem ao público-alvo ou terem credibilidade com público-alvo como líderes informais ou formadores de opinião. Por exemplo, uma empresa vendendo para universitários poderia recrutar equipes de rua entre eles, que seriam capazes de distribuir cupons e itens promocionais no campus e repúblicas, onde a propaganda convencional pode não funcionar. Joalheiros e fabricantes de roupas que vendem para uma minoria étnica ou um público de imigrantes recém-chegados podem alavancar a credibilidade dos membros de equipe de vendas em relação a esse público-alvo difícil de alcançar já que os relacionamentos e a propaganda boca a boca são valorizados.

As mídias sociais tornam-se um componente-chave para manter o contato com os membros de sua equipe de vendas e para recrutar novos. É importante lembrar que os membros da equipe de venda só participam enquanto for divertido e pessoalmente recompensador. A rotatividade da equipe é alta, e as equipes de venda devem ser bem-tratadas para evitar exaustão. Lembre-se sempre que eles estão lhe prestando um grande favor repartindo sua informação de forma gratuita, e trate-os graciosamente. Seja generoso com elogios, reconhecimento e quaisquer brindes que puder oferecer. Torne divertido e fácil para eles compartilharem sua mensagem sem comprometer sua credibilidade ou integridade.

Com a crescente variedade de escolhas de mídias sociais, atualmente, as possibilidades de promover suas vendas estão limitadas apenas pela sua imaginação.

Lembrete de resultados

Quando você envolve os consumidores na criação da promoção de venda, eles ficam ansiosos em transmitir isso para seus amigos.

A Regra dos 30

Olhe para seu calendário em relação às promoções que estão por vir. Quais são as 30 maneiras pelas quais você pode envolver suas equipes de rua ou formadores de opinião/líderes de opinião por meio das mídias sociais?

Exercícios

1. Empregue StrawPoll, SurveyMonkey.com, Zoomerang.com ou outros instrumentos de pesquisa on-line para perguntar aos seus melhores clientes e potenciais clientes quem eles julgam como formadores e líderes de opinião.
2. Procure esses líderes nas mídias sociais e comece a conversar com eles. Relacione e interaja antes de pedir quaisquer favores ou propor negócios. Observe sobre o que estão escrevendo e quem são seus seguidores.
3. O que você pode oferecer em termos de benefícios recíprocos para líderes e formadores de opinião e sua equipe de vendas para mantê-los interessados e participativos?

CAPÍTULO 20
Mídias sociais para negócios locais

Agora, se você acha que toda essa conversa sobre as mídias sociais é muito global para negócios locais, reconsidere. Assim como uma campanha na televisão pode ser veiculada local ou nacionalmente, uma campanha de mídias sociais pode ser tão grande ou pequena no seu foco quanto você a elabora para ser.

As mídias sociais são boas vizinhas

Independentemente de você ter sua própria empresa ou operar uma franquia local de uma empresa nacional, ser um bom vizinho é essencial para criar um negócio bem-sucedido. No passado, as empresas demonstravam sua política de boa vizinhança destacando-se na comunidade. Por meio de patrocínios às equipes esportivas infantis e de escolas da cidade; o comprometimento com as despesas de espetáculos, festivais, celebrações de feriados; o fornecimento de bolsas de estudos para os moradores; e o encorajamento dos seus funcionários para que eles assumam posições de destaque em eventos de caridade vêm sendo maneiras com as quais as empresas têm mostrado que são boas vizinhas.

Ser um bom vizinho também inclui criar uma noção de comunidade organizando programas que ofereçam oportunidade para as pessoas entrarem em contato com outras, relaxarem e se conhecerem. Alguns exemplos podem incluir um seminário de saúde organizado por um médico local; música ao vivo em um café, bar ou clube da vizinhança; leituras e assinaturas de livros numa livraria ou biblioteca; ou até mesmo um dia servindo a comunidade limpando um parque ou pintando uma escola.

Agora pense como as mídias sociais podem ajudá-lo a maximizar essas oportunidades. Elas são poderosas ferramentas para alavancar o benefício como um relações públicas do seu envolvimento como um patrocinador antes, durante ou depois de um evento por meio da criação de novas maneiras de a comunidade se reunir, comunicar, interagir e lembrar.

Antes do evento, use o Facebook, o Twitter e o YouTube para gerar interesse no que está por vir. Inicie a conversa antes mesmo da ocorrência do evento. Encoraje sua principal equipe de organizadores, voluntários e beneficiários a entrar na rede e falar a respeito do evento nos seus sites de mídias sociais e por conta própria. Faça com que eles se *linkem* nos sites e blogs uns dos outros, e retuite.

Durante o evento, tire fotografias e filme (simplifique a questão sobre a autorização tornando a permissão de ser fotografado um componente do contrato de participação e do contrato de condições de bilheteria). Tuite e blogue ao vivo. Tenha "repórteres" itinerantes com câmeras digitais e gravadores colhendo comentários dos participantes, organizadores e atendentes. Solicite a todos que se inscrevam para blogar, tuitar e convidar seus amigos do Facebook. Inscreva todos que participarem como um amigo no Facebook e seguidor no Twitter para que você possa manter contato. Ofereça um prêmio à pessoa que publicar o melhor vídeo ou colagem/slide show de fotos digitais e depois publique-as em todos os seus sites de mídias sociais (encoraje todos a republicarem para uma cobertura ainda mais ampla). Se precisar de mais voluntários, solicite ajuda dos seus seguidores do Twitter.

Após o programa, publique as fotografias, vídeos e áudio rapidamente. Encoraje todos que participaram para redigirem um resumo daquilo que eles mais gostaram. Se você estiver patrocinando uma equipe esportiva, publique fotos e blogue, no local dos jogos, durante toda a temporada, e então comemore as vitórias e conquistas da equipe e certifique-se de exibir perfis dos jogadores, treinadores e voluntários. Caso tenha sido um evento de caridade, tire fotografias dos voluntários trabalhando e compartilhe uma história do coordenador ou receptor sobre o que o projeto significou para aqueles que se beneficiaram dele. Bolsas de estudos e eventos podem exibir fotografias de todos os participantes, as redações vencedoras, vídeos de discursos e apresentações e um perfil do vencedor. Claramente, de algum modo, tudo menciona você, a organização patrocinadora.

Aproveite ao máximo o relações públicas do local contatando os repórteres, e encoraje-os a falar sobre o evento nas suas mídias sociais assim como também nas suas colunas ou programas. Se eles participarem do evento, obtenha muitas fotografias e coloque-as nos seus sites de mídias sociais. Use *tags* e palavras-chave para facilitar a busca, e certifique-se de realizar seu *social bookmarking*. Você pode até procurar dignitários locais como o prefeito ou vereadores para fotografias, áudio ou vídeo. Políticos raramente recusarão publicidade gratuita.

Você pode ampliar os benefícios (para sua própria publicidade e para a comunidade) durante todo o ano empregando as mídias sociais para criar um debate permanente a respeito das necessidades essenciais atendidas pelo programa. Então, uma apresentação educacional na localidade sobre reciclagem ou a prevenção do diabetes pode tornar-se um blog, debate e página de fãs no Facebook permanentes, sobre como pessoas preocupadas estão fazendo diferença na comunidade e como outras podem participar.

Mídia social dissemina a palavra

Você também pode alavancar o poder local das mídias sociais incentivando os vizinhos a ajudar. Abrigos de animais empregaram o Twitter e o Facebook para exibir animais disponíveis para adoção, solicitar voluntários e apelar por doações quando há pouco dinheiro.

A maioria das pessoas não tem ideia da variedade de coisas que diariamente ocorrem nas suas comunidades. Poucas leem um jornal diário, e muitas estações de rádios que antigamente transmitiam notícias locais agora veiculam somente programas nacionais. Quando você se torna o meio para conectar pessoas atribuladas à sua comunidade, você ganha o status de líder e visibilidade para seu negócio.

Por exemplo, você poderia empregar as mídias sociais para encorajar os homens de negócios da sua localidade a comprar dentro de suas comunidades para fortalecer a economia local. Você também pode encorajar os consumidores a comprarem mais próximos de casa para economizar combustível e apoiar negócios locais e independentes. Maneiras fáceis de realizar isso enquanto constrói sua própria marca incluem: escrever blogs sobre o que está disponível na sua localidade, os benefícios de realizar negócios localmente e mencionar ótimos exemplos como partes de suas conversas.

Ao falar a respeito de eventos, pessoas e empresas locais nas suas mídias sociais, você criará uma "voz" que pode ressoar dentro de sua comunidade e que promova positivamente seu perfil. Coloque seus sites de mídias sociais no seu cartão de apresentação, e convide todos que encontrar para se tornarem seus amigos ou seguidores.

Ao mesmo tempo que estiver cultivando o público de sua vizinhança, não feche a porta para uma crescente clientela regional ou nacional. Você precisará criar uma campanha distinta de mídia social para oferecer seus produtos e serviços fora da sua comunidade, porque eventos locais normalmente não atrairão os clientes distantes. Por outro lado, se você residir numa localidade que é uma atração turística, uma comunidade universitária, uma cidade ou região que testemunhou um êxodo de moradores devido a circunstâncias econômicas, você pode achar que para aqueles que foram embora não há lugar que se compare à casa da gente.

Por exemplo, um bar popular com temática esportiva em uma cidade universitária pode manter contato com ex-alunos que deixaram a região por meio das mídias sociais. Restaurantes descobriram uma "mina de ouro" enviando as *comfort foods** favoritas, molhos e patês para frequentadores habituais que haviam se mudado, e o site do Facebook ou Twitter podem permitir que seu público de expatriados sinta um gostinho de casa. Caso você administre uma loja, local de eventos ou um negócio cujos serviços são repetidamente

---

* Comidas que lembram bons momentos e proporcionam bem-estar. (*N. do T.*)

usados por clientes em férias, use suas mídias sociais para manter contato o ano inteiro, mantendo-os atualizados em relação às novidades e descobrindo o que eles gostariam de encontrar quando retornarem.

O uso de mídias sociais para negócios locais compensa de várias maneiras. É possível desenvolver negócios e fortalecer os laços de uma comunidade, que por sua vez conquista clientes fiéis. Mantendo contato com os participantes de eventos e "ex-alunos" que retornam periodicamente, você pode aumentar as probabilidades de futuras vendas. E entrando em contato com clientes de fora da sua região geográfica você também pode proteger seu fluxo de caixa dos altos e baixos da economia local.

Lembrete de resultados

Nunca subestime o poder de fornecer um gostinho de lar.

A Regra dos 30

Quais são os 30 canais de comunicação que seu negócio tem ou pode cultivar na comunidade que poderiam ser reforçados e destacados por meio das mídias sociais?

Exercícios

1. Identifique atividades solidárias da comunidade que você já esteja fazendo, e pense em como aumentá-las e promovê-las com as mídias sociais.
2. Procure ex-alunos entre aqueles que saíram da região, mas que mantêm laços fortes com a família, escolas ou locais de recreação. Não esqueça de incluir turistas habituais ou residentes sazonais.
3. Enfatize o ponto de vista local, mas não descarte maneiras pelas quais você possa oferecer seu produto ou serviço para um mercado mais amplo alterando sua embalagem ou distribuição.

CAPÍTULO 21
Mídias sociais para as organizações sem fins lucrativos

À medida que as mídias sociais tornaram-se populares e atraíram usuários adultos, as organizações sem fins lucrativos começaram a prestar atenção nelas. As mídias sociais são atraentes para as organizações sem fins lucrativos porque são plataformas gratuitas e de fácil utilização que podem ser atualizadas sem dificuldades e sem os esforços de um webdesigner caro. Ainda mais importante é o fato de as organizações sem fins lucrativos terem descoberto que seus voluntários, público-alvo e até mesmo seus doadores já se encontram nas mídias sociais.

Comece com uma meta solidária

As organizações sem fins lucrativos podem não ter exatamente o mesmo plano de negócios que uma pequena empresa ou profissional autônomo, mas empresas bem-administradas têm uma noção clara de sua missão e do seu público-alvo. Devido ao fato de existirem muitos tipos distintos de organizações sem fins lucrativos, esses dois elementos podem apresentar uma grande diferenciação. Aqui estão alguns exemplos:

- ~ Uma organização que se especializa em resgatar cães de determinadas raças e encontrar novos lares para eles. Ela necessita de voluntários, que residam próximos a ela, para ajudar a cuidar dos cachorros, doadores para pagar as despesas e famílias dispostas a adotar um animal de estimação.
- ~ Um importante centro médico quer aumentar sua visibilidade entre adultos entre 40-60 anos, ciente de que eles, provavelmente, tomarão decisões em relação à sua saúde e à saúde dos seus pais.
- ~ Um programa que distribui bolsas de estudos quer encorajar doadores e atrair alunos que necessitem de dinheiro para cursar uma faculdade.
- ~ Um banco local de alimentos quer que os doadores saibam quais itens alimentares são extremamente necessários, e comunicar, de última hora, necessidades de voluntários.

~ Uma organização nacional de conservação da natureza deseja adotar uma maneira interativa de ensinar um público mais amplo sobre espécies ameaçadas, alertar doadores e voluntários sobre suas necessidades especiais, e receber um *feedback* do público.

Essas são apenas algumas maneiras como as organizações sem fins lucrativos podem usar as mídias sociais. Não há somente uma maneira correta para uma organização sem fins lucrativos usá-las. O que importa é que sua estratégia de mídia social reforce sua principal meta e alcance o público-alvo desejado.

As mídias sociais podem ajudar as organizações sem fins lucrativos de três maneiras principais: 1) contar uma história; 2) elevar a consciência e as doações e 3) interagir com doadores, voluntários e a comunidade.

Conte uma história

É fácil atingir um grande número de pessoas se você for para onde elas já estão reunidas. Elaborar uma página no Twitter ou Facebook, uma conta em um blog, YouTube ou Flickr torna possível para sua organização compartilhar uma história interativa em múltiplas mídias com centenas de milhões de indivíduos que já estão reunidos em sites de mídias sociais.

Antigamente, as organizações sem fins lucrativos estavam restritas a usar um relatório anual para compartilhar seus trunfos e desafios. Aí os sites na internet acrescentaram multimídia e um alcance global. Mas uma das limitações tanto dos relatórios anuais quanto dos sites na internet é que elas exigem que os leitores os procurem para obter a história.

Com as mídias sociais é possível que você leve sua história para as multidões. Uma página no Facebook não só permite que você forneça atualizações frequentes sobre eventos que estão por vir, oportunidades para voluntários e programas em andamento, mas facilita o compartilhamento de fotos e vídeos, e permite que os participantes publiquem seus comentários e *feedback*. Enquanto uma página na internet ou um relatório anual é um monólogo, as mídias sociais criam um diálogo. A oportunidade para *feedback* e opiniões também podem ser passos importantes para auxiliar organizações que tiveram problemas que levaram a uma perda de confiança.

Mais importante ainda: as mídias sociais podem ser ótimos locais para contar as histórias dos seus clientes e publicar estudos de casos. O Facebook e outros sites facilitam o compartilhamento de uma apresentação de PowerPoint ou um vídeo breve destacando casos de sucesso. Podem ser histórias de como sua organização criou uma mudança bem-sucedida na comunidade, ou estudos de caso sobre como você implementou mudanças organizacionais para economizar dinheiro, melhorar a eficiência ou ser mais solidário. Os tópicos para o estudo de caso podem variar de acordo com o público de cada site específico de mídia social.

Por exemplo, histórias que ressaltam os resultados de clientes são mais poderosas em sites de mídias sociais direcionadas ao público. Mas você também pode usar o LinkedIn para compartilhar estudos de caso não registrados com colegas e sócios profissionais para sublinhar as melhores práticas ou continuar o diálogo após uma conferência.

As mídias sociais também podem ser um ótimo local para convidar voluntários, doadores e recebedores dos seus serviços para compartilharem seus comentários e testemunhos. As questões nas seções de comentários de blogs e das páginas do Facebook fornecem um fórum público para esclarecer mal-entendidos ou ensinar a respeito da necessidade ou do escopo dos serviços. Mais importante do que tudo: um site de mídia social vibrante demonstra que sua organização está engajada, aberta para conversação e usando instrumentos econômicos para compartilhar sua mensagem.

Conscientização e doações

Quando um forte terremoto sacudiu o Haiti, em 2010, os sites de mídias sociais inflamaram-se com informações sobre a situação. Os esforços de ajuda às vítimas usaram o Twitter e mensagens de textos para mobilizar voluntários e recolher doações. Os sobreviventes no Haiti usaram as mídias sociais para publicar fotografias, solicitar ajuda e compartilhar histórias e vídeos do local.

As mídias sociais desempenharam uma função importante na cobertura do terremoto do Haiti porque elas forneceram uma oportunidade em tempo real de ver o que estava ocorrendo e de ouvir a história daqueles que superaram o desastre e suas consequências sem *media gatekeepers*.* As mídias sociais também desempenharam uma importante função na angariação de fundos, por meio do envio de leitores para as páginas na internet de organizações reagindo ao desastre ou coletando dinheiro por meio de aplicativos como o *causes widget* do Facebook.

Desde o sucesso da campanha presidencial do Obama, o público angariador de fundos compreendeu a função que as mídias sociais podem desempenhar para mobilizar doadores e arrecadar uma grande quantidade de pequenas doações para efetuar uma grande diferença. As mídias sociais são especialistas em atingir um grande número de pessoas. Enquanto a maioria das campanhas de arrecadação concentra-se em obter grandes doações de um número pequeno de doadores ricos, as mídias sociais tornam possível mobilizar um grande número de pequenos doadores sem o custo e a prolongada preparação de uma campanha anual. Isso pode ser particularmente útil quando há uma necessidade repentina e urgente, mesmo não sendo um desastre na escala do terremoto do Haiti. Imagine um banco de ali-

---

* O "porteiro" decide quais informações irão adiante, e quais não irão. É importante compreender que os porteiros podem controlar o conhecimento do público em relação aos acontecimentos reais deixando algumas histórias atravessar o sistema, mas mantendo outras de fora. (*N. do T.*)

mentos local com uma lista de Twitter de voluntários, líderes comunitários e doadores corporativos dedicados sendo capazes de avisar os leitores sobre um súbito aumento do tráfego (requerendo mais voluntários em um curto prazo de tempo) ou falta de artigos de primeira necessidade.

A conscientização frequentemente concentra esforços em conquistar novos adeptos, mas é importante lembrar que há um verdadeiro benefício em aumentar a consciência em relação a programas assistencialistas e necessidades de pessoas entre sua base atual de doadores, voluntários, patrocinadores e clientes. Em se tratando de angariação de fundos, assim como vendas, geralmente acredita-se que 80% das doações vêm de 20% dos doadores, e isso é mais fácil (e menos oneroso) para encorajar reiteradas doações de pessoas que já contribuem para sua causa do que buscar novos doadores. Por meio das mídias sociais você pode manter-se visível, de forma gratuita e durante todo o ano, para aqueles doadores e voluntários atuais. Diferentemente da mala direta, você pode compartilhar fotografias e vídeos imediatamente após um evento, ou fornecer atualizações dos esforços de socorro no local. Mantendo-se visível para pessoas que já se importam com sua causa e que demonstraram vontade de doar ou participar como voluntários, você pode aumentar suas probabilidades de doações reiteradas e retenção dos voluntários.

Interaja com a comunidade

As mídias sociais tornam possível o crescimento da sua comunidade interessada sem custos extras. As organizações sem fins lucrativos na página do Facebook ostentam mais de 30 mil empresas usando o Facebook para entrar em contato com outras somente por meio dessa mídia social. Twellow exibe mais de 12 mil empresas sem fins lucrativos no seu diretório, mais milhares de outras organizações de categorias distintas. Usando a estratégia de fazer amigos e obedecendo às táticas anteriormente fornecidas neste livro, você pode criar grupos no Facebook, LinkedIn e YouTube ou montar seu próprio Twibe no Twitter. Você pode entrar em contato com pessoas que já são fãs de organizações semelhantes e convidá-las a olhar suas páginas. E por meio da inclusão de seus botões de contato das mídias sociais do AddThis.com em todos os seus comunicados de imprensa e sites on-line você facilitará a disseminação das palavras por meio dos seus partidários dedicados.

Por exemplo, a Clínica Mayo está levando sua reputação de excelência médica para toda uma nova geração por meio da adaptação de entrevistas e vídeos e suas publicações no YouTube e Facebook. A National Wildlife Federation tem múltiplas contas no Twitter, uma para cada um dos seus programas importantes, para manter-se em contato com seus membros e disseminar a palavra. O hospital Palomar Pomorodo West, na Califórnia, levou visitantes em um *tour* virtual de sua nova instalação no Second Life, gerando uma avalanche de cobertura de imprensa tanto por meio dos canais de notícia tradicionais quanto pelas mídias sociais.

Abrigos de animais e programas de resgate usam o Twitter e o Facebook para publicar as fotos atraentes de animais que precisam de um lar, e se comunicar com os doadores e o público sobre oportunidades de voluntariado ou de doações em dinheiro ou bens e serviços. Organizações que ajudam escolas usam o Twitter para deixar os doadores cientes de quais escolas necessitam de materiais escolares e onde os doadores podem deixar as doações.

Independentemente de sua organização ser local ou global, e independentemente de a necessidade que você satisfaz ser mundial ou do outro lado da cidade, as mídias sociais podem ser uma maneira poderosa para estreitar o relacionamento com as pessoas na sua comunidade que estão mais interessadas na sua missão.

Forneça uma folha de serviços prestados duradoura

As pessoas gostam de doar para organizações que realmente fazem diferença. As mídias sociais tornam possível engajar leitores e exibir benefícios tangíveis compartilhando uma folha de serviços prestados duradoura por meio de fotografias, clipes de áudio, vídeos e testemunhos.

As organizações sem fins lucrativos frequentemente usam eventos da comunidade e educação para compartilhar suas mensagens. Elas também apoiam-se em fazer parte de assembleias locais, com atividades que abrangem desde de montar mesas de exposição em shoppings ou feiras a encorajar funcionários a participarem de eventos de *business networking*. Todos esses esforços de solidariedade são importantes. As mídias sociais podem tornar-se mais uma ferramenta no seu arsenal comunitário de solidariedade, com o benefício complementar de que, com as mídias sociais, sua "exposição" está disponível 24 horas por dia, 365 dias por ano.

Lembrete de resultados

As mídias sociais criam mais uma das 30 razões para levar os espectadores a comprar.

A Regra dos 30

Quais são as 30 dicas, fatos ou estatísticas que você gostaria de compartilhar com um público mais amplo para encorajar participação?

Exercícios

1. Estipule se você deseja criar uma presença abrangente de toda a organização nas mídias sociais ou uma página para cada um dos seus principais programas. Deixe o conteúdo e o público-alvo influenciarem sua decisão.
2. Sua estratégia deve incluir um método de tornar-se amigo/seguir seus atuais doadores e voluntários, e de contatar seletivamente novas pessoas, que demonstraram interesse no seu tipo de programa.
3. Vincule seu conteúdo em tópicos que já têm o interesse do público, tais como manchetes, férias e meses de conscientização. Certifique-se de incluir seu próprio calendário de eventos especiais vindouros, campanhas de arrecadação de fundos e dias para trabalhar pela comunidade.

CAPÍTULO 22
Mídias sociais e branding

Independentemente de você criá-la conscientemente ou não, você tem uma marca. Há não muito tempo a maioria das pessoas pensava que "branding" era somente a preocupação da maioria das companhias e fabricantes de automóveis. No mercado atual, não é exagero afirmar que todos os indivíduos, independentemente de serem dono de empresa, um autônomo ou um empreiteiro, necessitam de uma "marca" para destacar-se em relação à concorrência.

No cerne de branding está a essência do que torna você ou sua companhia singular. Este deve ser um território familiar se você fez os exercícios dos primeiros sete capítulos deste livro. Vamos ver novamente alguns desses conceitos, agora que você possui uma ideia mais clara do poder das mídias sociais, para entender como os instrumentos de mídias sociais podem ser usados para reforçar seu branding.

O branding inicia-se com uma meta e um público

Este é um bom momento para resgatar a matriz que você criou para sua principal meta profissional e público-alvo. O branding que você cria para sua companhia, para si mesmo e seus produtos/serviços devem estar em sintonia com suas principais metas profissionais. Caso contrário, as mensagens estarão sincronizadas incorretamente, e os consumidores terão a sensação de que algo não está certo. Eles podem não reconhecê-lo como um branding inconsistente, mas será o suficiente para que busquem soluções em outros lugares.

Pense sobre o problema/dor/medo enfrentado pelos clientes que você mais quer servir, e o que é necessário para que eles superem o obstáculo ego/dinheiro. Que mensagens você está usando para construir um diálogo e um relacionamento com essa base de clientes? Pense a respeito de todos os veículos de marketing (incluindo as mídias sociais) que você está atualmente usando: propaganda, mala-direta, folhetos informativos, marketing na internet etc. Você pode resumir cada uma de suas mensagens o benefício/solução para a dor/problema/medo em uma sentença? Qualquer uma de suas mensagens dirige-se ao obstáculo ego/dinheiro?

Se sim, há uma corrente consistente de mensagens sobre um determinado assunto na internet que as une?

Se você tiver uma máxima ou slogan, imprima-o e coloque-o do lado de sua matriz.

Esse slogan reforça a impressão da sua empresa que você quer passar para seus melhores *prospects*? Por exemplo, se você quiser aproximar-se de um mercado regional ou nacional, mas seu slogan afirma "O recurso da sua cidade natal", sua mensagem não combina com sua meta. Como sua máxima/slogan reforça ou contradiz seu branding? E quanto aos 30 segundos de discurso de elevador que você concede em eventos ao vivo ou ao introduzir sua mídia social? Os clientes percebem quando as peças do seu marketing não apresentam uma imagem consistente e coerente.

Valores, voz e uma história

Você se lembra do seu valor transformador? É isso que você oferece para solucionar a dor/problema/medo. Seu valor transformador propõe transformar seus clientes ajudando-os a alcançar *suas* principais metas profissionais ou superar seu maior obstáculo. Uma declaração do seu valor transformador deve estar presente nas suas mensagens, nas mídias sociais assim como nas suas outras propagandas. Seus melhores *prospects* têm um número de opções concorrentes para solucionar seus problemas. As mensagens de mídias sociais que você elaborar sempre devem ter um lembrete evidente em como você os ajuda além de suas limitações atuais.

Nos primeiros capítulos deste livro eu mostrei como encontrar a história verdadeira do seu negócio — a fonte de paixão que o guiou a criar sua empresa ou prática profissional. Sua história verdadeira é outra maneira como você e seu negócio são únicos. Mais ninguém trilhou a mesma jornada ou é tocado exatamente pela mesma paixão que você. A jornada e a paixão irão repercutir com os leitores que você tem o propósito de servir melhor. Sua história verdadeira torna-se um componente do seu valor transformador porque você traz uma perspectiva aperfeiçoada pela sua jornada e paixão que altera a maneira pela qual você fornece seus serviços. As mídias sociais são um ótimo formato para contar e recontar sua história verdadeira com textos, fotografias, áudio e vídeo.

Sua voz verdadeira é a coleção de palavras e frases que descrevem da maneira mais natural seus serviços e os benefícios que eles fornecem. As palavras da voz verdadeira são honestas e convincentes, e elas parecem apropriadas quando você as usa para falar sobre sua empresa. Nada em relação à sua voz verdadeira parece forçado, falso ou artificial. Você está falando a partir do seu coração, e isso ressoa com seus ouvintes e leitores em um nível subconsciente. Sua voz verdadeira, quando sincronizada com suas principais metas profissionais, melhor público-alvo, história verdadeira e valor transformador, torna-se imensamente carismática. Pelo fato de você estar falando apaixonadamente e ter uma missão para solucionar o problema/dor/medo, sua voz verdadeira tem poder. As mídias sociais permitem que você compartilhe sua voz verdadeira por meio das palavras que escolhe para suas publicações no seu blog, tweets, artigos on-line, assim como pela maneira como você compartilha suas notícias com amigos no Facebook, LinkedIn e outros sites. Sua voz verdadeira pode cumprir seu dever no seu áudio e vídeo na internet.

Sua diferença irresistível é o "algo extra" que você fornece e seus competidores, não. Trata-se da maneira pela qual você supera as expectativas oferecendo não apenas o que seus clientes *dizem* que desejam, mas aquilo que eles realmente necessitam e não verbalizaram, e o que eles esperam encontrar e temem solicitar. A diferença irresistível vai além de satisfazer clientes para alegrá-los fornecendo o que eles pensavam que nunca encontrariam. Por exemplo, se você oferece serviços de reparos, seu cliente pode ficar resignado de ter que esperar o dia inteiro para ser atendido, perdendo tempo e frustrando-se. Forneça uma diferença irresistível de um técnico que aparece na hora marcada e isso deixará os clientes, para os quais tempo é dinheiro, extremamente satisfeitos.

Evitando um caso de confusão de identidade

Se seu logotipo não for bem-elaborado, parecer antiquado ou não traduzir-se bem na internet, seus *prospects* colherão pistas sutis de que você realmente não consegue colocar as coisas em ordem. Se você não está usando seu logotipo nos seus sites de mídias sociais, ou se os elementos do projeto do cabeçalho do seu blog, fundo do seu Twitter, e outros sites não aparentam que devem ficar juntos, seu cliente terá um sentimento subconsciente negativo que "algo não está bem". Essa desunião afeta como o *prospect* visualiza seu profissionalismo, e faz com que o cliente tenha curiosidade em saber se você é quem você afirma ser. Essa dúvida lhe custará o negócio.

"A identidade gráfica" é o termo para cores, estilos de fontes, elementos do logotipo e a apresentação visual de sua empresa. Para melhores resultados, sua identidade gráfica deve ser a mesma, independentemente se o seu *prospect* pegar um folheto, ler um cartão pessoal ou entrar no seu blog ou na sua página no Facebook. A identidade gráfica fornece um efeito subconsciente de confirmar que sua história é verdadeira, que ajuda o *prospect* a vê-lo como verdadeiro e consistente.

Abra, na sua tela, sua página no Facebook, LinkedIn, Twitter e blog e janelas distintas de navegação para que você possa visualizar todos simultaneamente. Se você tem outros perfis de mídias sociais, abra também. Agora tente

visualizar sua presença on-line da maneira que um novo *prospect* o veria. Olhe através de todos os seus sites de mídias sociais e responda a estas perguntas:
- ~ As fotos de todos os seus perfis são as mesmas? Você parece amigável e sorrindo? Você está com uma boa aparência profissional?
- ~ Você está frequentemente usando as cores do seu logotipo? Você mantém a mesma palheta de cores de um site para outro?
- ~ Seu logotipo tem uma boa aparência on-line? (Caso ele esteja deformado, esticado, ou pixelado, seu designer pode produzir seu logotipo com uma resolução nítida por um custo bem baixo.)
- ~ Você usa tipos de fontes consistentes que são atraentes para seu melhor público-alvo (pense em idade, exposição à mídia e visão)?
- ~ Os elementos gráficos transmitem a "impressão" correta da sua marca? De maneira geral, seus sites parecem modernos, profissionais, na moda, conservadores ou mordazes? É essa a sensação que você deseja transmitir?
- ~ Se você está usando fotos e vídeo, está, inconscientemente, excluindo alguns dos seus melhores *prospects* ao não incluí-los nas suas ferramentas para visualização? A não ser que você sirva a um público específico definido por sexo, idade ou etnia, suas fotos devem incluir pessoas de origens distintas para insinuar que você recepciona clientes variados.

Sua marca é uma combinação de valor transformador, verdadeira história, voz verdadeira, diferença irresistível e identidade gráfica, que cria uma personalidade única, atraente e memorável, entremeada através de tudo que você faz. Quando você é consistente em carregar sua marca por toda a sua mídia social, a autenticidade e a credibilidade irão ressoar com seus melhores *prospects* para motivá-los a agir.

Lembrete de resultados

Toda ação on-line de marketing reforça ou deprecia sua marca.

A Regra dos 30

Quais são as 30 maneiras nas quais você pode usar elementos de branding para fortalecer a consistência e coesão das suas mensagens nas mídias sociais?

Exercícios

1. Escreva seu valor transformador, história verdadeira, voz verdadeira, diferença irresistível e identidade gráfica, então crie consistência em todos os seus sites de mídias sociais.
2. Solicite a um grupo de *prospects* para ser um *focus group** e peça para que eles deem suas impressões. Compare as opiniões do grupo de teste à identidade que você deseja transmitir com sua marca, e faça as mudanças para alinhar a marca com sua percepção.

---

* Grupo que auxilia o produtor ou o vendedor a analisar o produto. (*N. do T.*)

CAPÍTULO 23
A globalização das mídias sociais

Primeiramente, permita-me contestar a ideia de um negócio "local" na era do comércio pela internet e da economia baseada em conhecimento. Toda empresa no mundo começou como um negócio local. Se você pensa que há motivos pelos quais sua empresa é intrinsecamente local, eu quero que você reexamine esses fatores.

Seu modelo de negócio vem dependendo de um serviço pessoal? Você fornece um produto perecível, como alimento? O seu serviço é essencialmente manual, tal como massagem, organização de escritório doméstico ou treinamento de cachorros? Há restrições de licenciamento ou leis sobre o fornecimento do seu serviço, tais como os existentes no direito ou na medicina?

Eu quero que você formule ideias a respeito de que elementos do seu produto ou serviço atuais poderiam ser reembalados para alcançar um público maior. Se você administra um restaurante, talvez não seja capaz de enviar suas costelas de porco, mas pode engarrafar e enviar o molho. Você não pode enviar uma xícara de café quente, mas pode comercializar os grãos, aromatizantes e canecões com logotipo por meio do comércio eletrônico.

Restrições de licenciamento podem limitar onde você pode praticar direito ou medicina, mas um livro sobre seu assunto pode alcançar leitores ao redor do mundo. Massagem, educação física, organização e outras especialidades manuais podem ir muito além de um público local por meio de vídeos e de livros com orientações práticas.

Serviços baratos e globais de telefonia também facilitam mais do que nunca a oferta de treinamento ou consultorias por meio de telefonemas, conferências telefônicas, ou até mesmo treinamentos de grupos na internet. Dedique alguns minutos e pense em como você pode ser capaz de apresentar seus produtos ou serviços para alcançar o mundo.

Certifique-se de que não desconsiderou prematuramente opções de crescimento por "pensar muito pequeno". Sua firma pode "transformar em produto" o que ela oferece para alcançar um público maior? Você pode ser capaz de incrementar suas vendas tanto nacional como internacionalmente com uma linha de produtos ampliada e que possa ser facilmente enviada. Alcançar um público maior também ajuda a "blindar" seu negócio das recessões, porque até mesmo momentos econômicos difíceis raramente atingem todas as áreas uniformemente. Ao trabalhar com um público nacional ou internacional, você tem maior probabilidade de trazer um fluxo constante de novos negócios mesmo se sua região geográfica estiver atravessando um período fraco.

A empresa global ao lado

Anteriormente, o *global sourcing** era algo levado em conta somente pelas empresas maiores. Atualmente, qualquer pessoa com uma conexão de internet pode buscar o melhor negócio de lojas virtuais ao redor do mundo. A Amazon, o eBay e outros varejistas virtuais fizeram com que o local onde um produto é armazenado não tenha importância, e eles permitem que consumidores comparem preços e adquiram produtos sem praticamente quaisquer restrições geográficas.

Você percebeu que a Amazon, o eBay e o site de recrutamento Elance.com também são tipos especiais de mídias sociais? Que os autores que têm livros disponíveis na Amazon podem criar suas páginas na Amazon? Essas páginas

---

* *Global sourcing* é um termo usado para descrever a prática de terceirização do mercado global de bens e serviços através das fronteiras geopolíticas. (*N. do T.*)

dão aos autores a capacidade de publicar um blog que automaticamente avisará, por meio da Amazon, todos que compraram livros desse escritor sempre que uma nova publicação for feita.

O eBay pode ser um dos maiores sites de compras do mundo, mas para as empresas que oferecem seus produtos por meio dele o eBay também é uma vibrante mídia social com blogs, fóruns de usuários e muitas interações nos bastidores entre os varejistas — grandes e pequenos — que comercializam nesse site gigantesco.

O Elance.com é um site de recrutamento que permite que as empresas contratem uma ampla variedade de profissionais talentosos para projetos pontuais ou contínuos. Ele também torna possível que pequenas empresas e profissionais autônomos ofereçam a venda de seus talentos para um mercado global a partir do conforto de suas residências ou escritório. O Elance permite que empresas publiquem projetos, convidem fornecedores específicos a apresentarem suas ofertas, visualizem perfis e interajam, por meio de salas de bate-papo e fóruns com fornecedores que podem estar localizados no estado vizinho ou do outro lado do mundo. O Elance também possui seu próprio blog e salas de bate-papo para os fornecedores aprenderem estratégias de como usá-lo melhor e interagirem com os outros fornecedores e administradores do site. Os fornecedores permitem que os empregadores os conheçam por meio da publicação de mídias sociais — páginas de perfil que eles podem embelezar com testemunhos, fotografias e portfólios.

O fato é que os consumidores acostumaram-se a comprar produtos e serviços sem uma interação pessoal. Eles também aprenderam a comprar on-line comparando preços, características e qualificações. Simultaneamente, as empresas tornaram-se mais confiantes em *telecommuting*,* independentemente de os seus funcionários trabalharem em outro país. As empresas também se tornaram mais astutas em reconhecer que o talento não tem uma distribuição geográfica uniforme e que indivíduos especialmente qualificados podem fazer uma valiosa contribuição sem estarem presentes no escritório.

As mídias sociais fazem a conexão

Os sites de mídias sociais como o Facebook e o Twitter oferecem uma outra oportunidade de encontrar *prospects* de todos os lugares do mundo. Por meio do uso de suas capacidades de networking para engajar *prospects* em uma conversa, antes de concentrar-se em realizar uma venda, você tem a oportunidade de chegar a mercados que teriam sido geograficamente impossíveis.

Sites de ex-alunos, clubes e associações também apresentam oportunidades de networking global. A maioria das faculdades e universidades mantém laços com ex-alunos que estão trabalhando ou vivendo no exterior. Esses expa-

---

* Trabalhar em casa usando um computador conectado com o escritório. (*N. do T.*)

triados podem ser receptivos a trabalhar com alguém que compartilhe laços e perspectivas semelhantes. Clubes e associações com filiados estrangeiros fornecem a oportunidade para você conhecê-los com a conexão imediata de uma afiliação compartilhada. Perfis on-line e a composição dos diretórios, além dos fóruns e salas de bate-papo dentro da página na internet do clube/associação, facilitam a conexão.

O LinkedIn é uma ótima maneira de recuperar o contato com colegas que atualmente residem no exterior. Você também pode alavancar os contatos da sua própria rede solicitando ser apresentado aos seus colegas estrangeiros ou à sucursal no exterior da sua organização. Nunca foi tão fácil visualizar a rede de contatos pessoais, e essa rede torna o mundo uma vizinhança bem pequena.

As mídias sociais também facilitam o compartilhamento da sua informação sem fronteiras geográficas. Por meio do compartilhamento de conselhos, a publicação de estudos de casos ou o fornecimento de links para vídeos no Facebook ou no Twitter, você está atingindo um público global de *prospects* com um mecanismo embutido para uma interação de duas vias. Sempre reveja seu conteúdo com relação a sua linguagem para que não passe uma percepção não intencional de que sua vontade de trabalhar com empresas ou indivíduos estrangeiros é limitada. Por exemplo, a menos que o conteúdo seja específico às leis ou condições de um determinado local, use palavras mais abrangentes como *clientes* em vez de palavras limitantes de pertinência nacional como *americano* ou *canadense*. Você também pode deixar claro na sua página na internet e no seu perfil e biografia nas mídias sociais que trabalha com clientes ao redor do mundo, ou pelo menos além das suas fronteiras nacionais.

Se você já estiver comercializando produtos mundialmente, faça um esforço consciente de incluir — por meio da sua estratégia de mídias sociais — os clientes que nunca encontra pessoalmente. Por exemplo, meus livros de ficção vendem para leitores de outros países. Eu não posso visitar as livrarias locais, mas gostaria de fazer contatos mais pessoais. Então, além do alcance da minha mídia social eu criei dois *blog-tours** e faço um esforço em convidar blogueiros e páginas na internet ao redor do mundo para participarem. Não há dúvida que seu esforço em ser abrangente será notado.

Se você está interessado em alcançar um determinado local do mundo, certifique-se em verificar quais mídias sociais são as mais populares nesse país. A lista de sites e sua popularidade está constantemente mudando, mas uma busca no Google sobre "as mídias sociais na Europa" ou "as mídias sociais na América do Sul" deve fornecer-lhe uma boa ideia de quais são os sites favoritos. Lembre-se que nem todos os sites usam inglês como sua primeira língua, então,

---

* Um autor indo de blog em blog em vez de livraria a livraria, para explicar e responder perguntas sobre seu livro. (*N. do T.*)

se você é bilíngue, poderá participar numa variedade maior de sites.

As mídias sociais são uma ótima maneira de expandir os horizontes de sua empresa. Ao colocar seus atuais serviços como um produto, ao participar de mercados globais como o eBay ou o Elance, ou ao acrescentar novos serviços como telecursos, treinamento por telefone ou treinamento em grupo on-line, você poderá servir um público mais amplo e satisfazer a necessidade global em relação à especialidade que você fornece.

Lembrete de resultados

Desafie seus supostos limites geográficos. O mundo o espera!

A Regra dos 30

Procure as 30 pessoas ou identifique as 30 oportunidades de contatar *prospects*, colegas ou parceiros para iniciar sua projeção internacional.

Exercícios

1. Use o serviço gratuito do Google Analytics para ver que países já estão enviando usuários para sua página na internet. Se seu produto é distribuído mundialmente, certifique-se de que entende os detalhes de onde você é mais popular, e use essa informação para combinar com os sites de mídias sociais apropriados.
2. À medida que você desenvolve produtos e serviços, pense em como pode fornecê-los, independentemente da localização.
3. Como componente da estratégia de projeção de suas mídias sociais, faça um esforço de conectar-se a novos amigos e seguidores de regiões internacionais onde você gostaria de ver um aumento de vendas.

CAPÍTULO 24
Mídias sociais e seu site

O que as pessoas veem quando entram no seu site? Afinal, a maioria dos sites de mídias sociais permite que você enumere uma ou mais páginas pessoais na internet ou blogs. Não é raro alguém que lhe conheça no Facebook ou Twitter visitar sua página na internet para aprender mais. Você, provavelmente, faz a mesma coisa quando está pensando em solicitar, de um contato que conheceu nas mídias sociais, que forneça um produto ou serviço.

Muitas páginas na internet esparramam-se como um jardim abandonado. Poucas pessoas têm uma ideia clara do que querem da sua presença na internet antes de construírem um site (ou, pelo menos, seu primeiro site). Alguns proprietários de sites apenas acrescentam páginas de informações novas, mas prestam pouca atenção em atualizar ou remover informações antigas. Outros sites são essencialmente abandonados, sendo ignorados depois de terem recebido publicações.

Sua página na internet é seu de visita virtual. Corretamente ou injustamente, as pessoas o julgarão pela qualidade e conteúdo do seu site. Isto é especialmente verdadeiro se as informações que eles veem nos meios de comunicação social sobre você parecem não combinar com a do site quando eles o visitam. Quando um amigo das mídias sociais faz o esforço de verificar seu site, você está um passo mais próximo de concluir uma venda. Não deixe essa oportunidade passar.

De volta aos fundamentos

No início deste livro você aprendeu a priorizar suas metas profissionais, identificar o principal público-alvo para alcançar essas metas e concentrar-se na mensagem que levará seu público de *prospect* para cliente. Mas você pode surpreender-se ao descobrir como poucas pessoas parecem lembrar-se dessas orientações quando criam uma página na internet. Os princípios que se aplicam à sua mídia social também servem para seu site.

Examine cuidadosamente seu site. Ele está desatualizado? Sua fotografia e biografia são atuais? Ele exibe suas realizações e glórias mais recentes? Você tem emblemas para o Facebook, o Twitter e o LinkedIn para ajudar seus visitantes virtuais a encontrá-lo nas mídias sociais?

Uma ótima maneira de dobrar o impacto do tempo gasto escrevendo é fazer com que seu blog e página do Twitter alimentem conteúdo (via RSS) para a página principal do seu site. Deste modo, toda vez que você publicar um novo blog ou tweet, sua página principal recebe conteúdo atualizado. Sua página principal sempre estará atualizada, e os programas de busca escolherão seu site porque ele é frequentemente atualizado. Trata-se de uma solução vencedora!

Você também pode inserir vídeos do YouTube ou fotografias do Flickr para dentro de seu site. Esta é outra ótima maneira de otimizar seu tempo nas mídias sociais fazendo com que cada elemento trabalhe, em múltiplos lugares, para você. Os vídeos de YouTube que você criar com sua filmadora digital não terão a qualidade profissional, mas tudo bem. Se seu conteúdo for bom e os vídeos curtos forem animados e repletos de personalidade, os telespectadores terão a sensação de que o conhecem, que é uma ótima maneira de aprofundar o relacionamento virtual.

O áudio é outra maneira de personalizar seu site e permitir que os visitantes o conheçam. Uma das minhas ferramentas favoritas é o AudioAcrobat.com porque é versátil e fácil de usar. Você pode gravar um áudio pessoal de web de modo que você cumprimente cada visitante, e então facilmente adicionar o áudio à sua página inicial. Cogite ter uma saudação de áudio diferente para cada página. (Você pode acrescentar um link para o áudio na sua página do Facebook assim como também na sua biografia no Twitter!)

Se você sempre quis estar no rádio, cogite fazer um podcast. Um podcast assemelha-se muito a um show no rádio, exceto que é gravado, não ao vivo, e é transmitido via internet. Os podcasts podem ter qualquer duração, entre cinco minutos a duas horas. (Sugiro no máximo 15 minutos.) Você pode gravar uma dica ou uma súbita compreensão diária, ou entrevistar convidados. Podcasts também podem ser direcionados para seu site via RSS (assim como também para suas outras mídias sociais), criando ainda outro elemento interessante, e uma maneira adicional de os *prospects* lhe conhecerem. Não é necessário muito equipamento ou conhecimento técnico para um podcast (você pode começar com um telefone e AudioAcrobat), mas ele pode ser uma ótima ferramenta de publicidade on-line, assim como uma maneira de entrar em contato com um público maior e compartilhar sua habilidade.

Seu portal para página inicial

Com as mídias sociais, seu site torna-se um portal, uma entrada que permite que os usuários comecem de uma localização central e facilmente encontrem uma variedade de informações. A partir da sua página principal, além das informações padrão da internet tais como uma página "Quem somos nós", uma de produtos ou serviços e talvez uma para efetuar uma compra on-line, você pode alimentar seu blog, Twitter e até mesmo um podcast para dentro do seu site para mantê-lo relevante e atualizado.

Não há nenhuma lei que o restrinja a apenas um blog. Uma das principais razões pelas quais muitos donos de empresas têm um conteúdo de internet desatualizado é devido ao custo de um programador atualizar as páginas. Olhe novamente para seu site e determine quais as páginas que necessitam somente de uma atualização anual, e quais devem ser atualizadas semanal ou mensalmente. Páginas frequentemente atualizadas podem ser alimentadas por meio da criação de blogs novos e de propósito específico que fazem com que seja fácil e acessível para você (ou para um assistente virtual) atualizarem regularmente.

Por exemplo, você poderia criar um blog que é apenas para palestras, *open houses*. Seu conteúdo estará em dois locais simultaneamente (o blog e o site), dobrando sua exposição aos leitores e programas de buscas, e você será capaz de efetuar mudanças rapidamente e sem grandes custos.

Creio que cada site deve ter uma página de notícias para destacar os avisos, novos clientes, premiações, aparições e outras atividades interessantes. Esta pode ser outra página que colabora com o feed do blog. Crie outro blog de propósito específico apenas para comunicados de imprensa, links para artigos recentes que exibam sua empresa, links de áudio para entrevistas de rádio ou podcast e fotografias de suas viagens de negócios ou eventos. Se você publicar artigos on-line nos diretórios de artigos tais como eZineArticles.com, certifique-se de incluir um link para sua página ou links para artigos individuais. Uma vez que o blog feed está ativo, é fácil para seu assistente virtual acrescentar novos comunicados a cada mês.

Se você comercializa seus produtos on-line, pode fazer sentido usar uma página de redirecionamento para enviar compradores para sua página no eBay ou qualquer site de compra on-line que você use. Novamente, isso reduz trabalho redundante, porque você não terá a necessidade de listar, determinar preço e gerenciar todos os seus produtos em múltiplos sites. (Lembre-se de que seu site de compras também funciona como seu próprio site de mídia social com fóruns, blogs e salas de bate-papo para associados.) Se você aceitar ofertas on-line para fornecer serviços, faça um link para seu Elance.com, Guru.com ou outro site de vendas para aproveitar-se da estrutura que eles construíram, e centralize sua aquisição de serviços.

Tire o máximo proveito de *social bookmarking* e *boilerplates*[*]

Quando você usa *social bookmarking* para atrair a atenção para um artigo, publicação no blog ou comunicado de imprensa, ou quando você cria a descrição padrão do negócio no final do comunicado de imprensa, lembre-se que

---

[*] *Boilerplates* são, em tecnologia da informação, unidades de escrita que podem ser reutilizadas várias vezes sem mudanças. Por extensão, a ideia é, às vezes, aplicada à programação de reutilizáveis, como em "código clichê". (*N. do T.*)

você pode usar um link para as páginas que vêm depois da sua página principal. Os programas de busca na verdade o recompensam por fazê-lo, na medida em que impulsionam o tráfego mais para dentro do site, encorajando os leitores a permanecerem e diminuindo sua taxa de rejeição (A taxa de rejeição é a porcentagem de visitas únicas ou visitas nas quais a pessoa saiu do site logo na entrada.) Os clientes apreciam links para páginas específicas que exibem o item mencionado no artigo ou comunicado de imprensa, porque ele economiza o tempo de busca no seu site.

O mesmo princípio funciona para seu endereço na internet nos sites de mídias sociais. Retornar à sua página principal pode não ser sempre o melhor link se há outra página mais focada nos interesses desse público-alvo específico. Por exemplo, se você é um escritor e usa sites de mídias sociais direcionadas a editores e outros escritores, considere usar um endereço na internet para uma página no seu site que fale sobre seus livros. Um orador talvez queira incentivar os leitores a visitarem a página de inscrição do evento.

Seu correio eletrônico ou assinatura para suas publicações no blog também podem mudar, dependendo do público. Quando você tece comentários em blogs, grupos e fóruns, leve em consideração usar um link para a página do seu site mais apropriada ao assunto. Os leitores têm muita pouca paciência para inspecionarem um site procurando por uma cópia relevante. Mantenha-os engajados levando-os diretamente para o material certo.

Lembrete de resultados

O tempo é precioso. Use sabiamente seus 30 minutos diários para tudo ter um propósito.

A Regra dos 30

Você pode encontrar 30 maneiras de conectar seu site e mídias sociais para que uma reforce a outra, alavanque seu esforço e forneçam o conteúdo mais benéfico.

Exercícios

1. Repense seu site tendo em mente sua meta profissional mais importante, público-alvo principal e novas mídias sociais. Onde estão as oportunidades para reforçar sua mensagem?
2. Qual caminho, através do seu site, você gostaria que os visitantes fizessem? O que atenderá suas necessidades ou fornecerá algumas daquelas ações? Uma vez que você tenha elaborado o caminho página por página, crie seus links de referência para guiar os visitantes ao longo do melhor caminho para seus interesses.

CAPÍTULO 25
Grandes sites, além dos costumeiros

Para alguns donos de negócios e profissionais simplesmente manter uma presença atualizada em poucos sites de mídias sociais é uma tarefa intimidante, mesmo destinando 30 minutos diários ao processo. Mas outros têm sucesso em conectar-se, e se você consegue conciliar mais alguns sites sem ter um esgotamento nervoso, use sua meia hora para pesquisar sites especializados para os quais vale a pena olhar novamente.

Wikipédia

A Wikipédia é baseada na premissa que se todos contribuem com conhecimento, no devido tempo as respostas certas virão à tona. Trata-se de uma enciclopédia on-line, em que todos podem contribuir, editar, corrigir e atualizar informações. Embora não seja perfeita, é frequentemente a primeira parada para pesquisadores procurando informações sobre uma categoria pouco conhecida, tornando-o um site com alto tráfego.

Embora a Wikipédia encare com desdém qualquer tipo de material promocional, há maneiras de você e sua empresa estarem na Wikipédia legitimamente. Por exemplo, se você patenteou um produto ou criou um processo relativo à propriedade ou posse, publique uma página na Wikipédia citando você e sua empresa. Escritores, palestrantes e donos de negócios cujas empresas alcançaram notoriedade também são candidatos legítimos para um perfil na Wikipédia. A Wikipédia não é um diretório de empresa, então, é necessário que haja um motivo embasado para sua inclusão.

Em sites como a Wikipédia que dependem de contribuições de tempo e conteúdo dos seus membros, aproximadamente 90% das informações são fornecidas e editadas por aproximadamente 10% dos usuários. Você pode entrar em contato com esse núcleo ativo por meio de um membro da Wikipédia nas suas áreas internas de comunicação, a Village Pump e o Community Portal.

WikiHow

Uma "wiki" é um banco de dados de conhecimento gerado por usuários. WikiHow é um banco de dados escritos por usuários. Este site permite que você escreva e publique guias para compartilhar suas especialidades. Você será reconhecido como o "criador" da guia, mas lembre-se de que as informações podem ser acrescidas e editadas por qualquer pessoa. Este site é extremamente focado no conteúdo, consequentemente, promoções não são permitidas.

SmallBusinessBrief.com

Esta comunidade on-line focada no empreendedor permite que os membros transfiram artigos enquanto aumenta a visibilidade do escritor e o envio de tráfego para seus sites. SmallBusinessBrief.com oferece uma lista de breves resumos de artigos, e quando os leitores os escolhem, eles são levados a uma página no site do escritor, que pode retratar o logotipo da empresa, do autor e sua foto. Trata-se de uma breve e boa resenha de notícias para um público-alvo, e uma participação frequente pode resultar em maior credibilidade com seus leitores habituais.

Care2.com

Um ótimo site para empresas comprometidas com a qualidade ambiental, empresas relacionadas com a saúde e consultores de estilo de vida/bem-estar, o site Care2.com é dedicado a uma existência mais saudável em um planeta mais saudável. Os membros podem carregar artigos e comunicar-se entre si.

Newsvine.com

Para todos que desejavam ser colunista sindicalizado, este site foi feito para vocês. Os membros do Newsvine podem escrever suas próprias matérias e publicá-las para entreter e informar os membros do site e leitores habituais. Assim como nos sites de *social bookmarking*, a Newsvine também permite que você assinale os artigos publicados em outros lugares, que julgou que seriam de interesse para outras pessoas, e ler os links recomendados para artigos selecionados pelos membros do site. Trata-se de um grupo eclético, mas é mais um site que subscreve a ideia de que "a sabedoria das multidões" pode ter descoberto algo.

Yahoo Respostas e Yahoo Groups

O Yahoo Respostas é um site em que você pode construir visibilidade on-line e tornar-se um perito que outros procuram para conselhos ou informações sobre temas específicos. Há uma ampla gama de tópicos sobre negócios e estilos de vida, e um âmbito ainda maior de opiniões e experiências, mas informações boas e consistentes não passam despercebidas.

O Yahoo Groups é uma maneira de construir sua própria comunidade on-line criando um grupo sobre um assunto, ramo de atividade ou interesse específico. Você pode filiar-se a um grupo existente e conhecer os membros, publicar e responder perguntas e participar da conversação. Assim como a maioria das comunidades on-line, Yahoo Groups desdenha *spammers*, vendedores agressivos e pessoas que não desejam entrar no espírito do grupo.

Moodle

O Moodle não é um site de rede social, mas seu software de ensino on-line pode ajudá-lo a construir seu próprio destino. Se você alguma vez já participou de algum curso de treinamento em grupo on-line que tinha uma sala de aula compartilhada na internet, você já conheceu Moodle ou um dos seus concorrentes. O Moodle permite que você construa um espaço compartilhado no qual os participantes podem trabalhar juntos em documentos, comunicar-se por meio de fóruns privados, carregar os perfis dos seus alunos, receber tarefas do instrutor e carregar lição de casa. Embora a instalação completa de Moodle seja volumosa para as necessidades da maioria dos treinadores ou instrutores, sua página de suporte lista um número de parceiros que criam salas à medida que elas são necessárias.

Ning.com

Um site para indivíduos que desejam criar suas próprias redes sociais, Ning.com usa um template para que você prontamente esteja trabalhando. Os membros podem publicar perfis pessoais, perguntar e responder questões em um fórum e criar seus próprios blogs internos. O site suporta RSS (interna e externa), portanto, usuários podem publicar seu Ning blog em outro lugar ou importar um feed externo ao Ning. As comunidades Ning são privadas e com participação somente por meio de convite, então, elas podem ser uma maneira fácil de criar um site, com muitas características, de uma organização de usuários ou somente de clientes, sem as despesas de construir um site personalizado.

GetSatisfaction.com

O GetSatisfaction não é uma rede social, mas ele fornece uma solução acessível para empresas que querem criar uma central de apoio on-line sem pagar por uma solução padronizada. De fato, você está criando uma rede de mídia social direcionada para usuários e profissionais em que a ênfase reside em fazer perguntas e obter respostas em vez de conhecer novas pessoas.

Mídias sociais para celulares

Quase que diariamente aplicativos de celulares para conectar-se com sites de mídias sociais são lançados ou atualizados. Mas se você usa um celular com uma capacidade para conectar-se via WiFi e especialmente se você usa um BlackBerry, iPhone ou Android, verifique aplicativos que permitem que você monitore e atualize suas mídias sociais favoritas de qualquer lugar.

Por que você deve fazer isto? Depende. Tuitando ou publicando comentários, fotografias e vídeo de um evento ao vivo, você fornece uma perspectiva singular aos seus leitores numa conferência ou exposição. Aplicativos que permitem que você acesse programas como PayPal ou o eBay lhe fornecem a capacidade de realizar negócios de onde você estiver. Blogar quando você tem uma grande ideia pode tornar mais fácil publicar mais frequentemente ou comentar notícias que acabaram de ocorrer. Você, provavelmente, não publicará um artigo completo, mas terá um insight oportuno.

Existem aplicativos para atualizar e monitorar o Facebook, o Twitter, o YouTube e outros sites via celular. Existem aplicativos de mensagens instantâneas e para fazer o *upload* de fotografias que você pode usar a partir do seu telefone. O Foursquare é um site que combina jogo e mídia social em que os usuários podem inscrever-se a partir do seu local de negócio ou lazer e ganhar pontos, obter recompensas e descobrir o que seus amigos estão fazendo.

Para negócios como bares, cafés, teatros, casas de espetáculos e locais turísticos e vida noturna, o Foursquare pode ser a ferramenta de apreço de um novo cliente. O Google Buzz integra a capacidade de monitorar e fazer upload para as mídias sociais em movimento. À medida que cresce o uso de celulares inteligentes, surgirão mais maneiras de gerenciar seu império de mídias sociais, de qualquer lugar, por meio do seu telefone.

Lembrete de resultados

Obtenha mais do que 30 minutos diários de presença nas mídias sociais certas que tenham aplicativos que o tornem mais produtivo.

A Regra dos 30

Tire 30 minutos e verifique alguns sites especializados de mídias sociais assim como os aplicativos que estão presentes no seu celular.

Exercícios

1. Seja honesto consigo mesmo sobre quanto tempo e energia você deseja investir nas mídias sociais. Lembre-se de que o investimento deve estar relacionado ao cumprimento da sua principal meta profissional. Não desperdice energia. Não se envolva em uma série de atividades ao mesmo tempo.
2. Desenvolva uma mensuração que é significativa de modo que você possa mensurar o retorno sobre o investimento em relação ao seu tempo. Você ficará satisfeito com um aumento no tráfego na internet, um grande número de fãs ou amigos, um status de especialista nos conselhos de fóruns ou dicas sólidas para um novo negócio?

3. Comece com um a três sites principais e invista tempo para realmente conhecer a comunidade e contribuir antes de acrescentar sites adicionais. Use um assistente virtual para publicar notícias, mas certifique-se de que é realmente você respondendo perguntas e em contato com amigos/fãs.

CAPÍTULO 26

As mídias sociais e eventos

Eventos bem-sucedidos demandam muito tempo e energia. Isso é verdadeiro tanto se o evento for ao vivo como virtual. As mídias sociais podem ajudá-lo a criar eventos mais interessantes, atrair um público maior e salvaguardá-lo para que ele continue a fornecer benefício muito tempo depois de as mesas e estandes terem sido recolhidas.

Construção de um público

Um motivo para permanecer nas mídias sociais é criar um relacionamento com pessoas que estão interessadas naquilo que você oferece e naquilo que você tem a dizer. Então, quando você estiver planejando um evento, certifique-se de falar favoravelmente sobre ele para seus amigos e seguidores das mídias sociais, e lhes fornecer um convite VIP. Faça algo além de um simples anúncio sobre a data e o título do evento. Você pode usar seu blog, o Twitter e outros sites de mídias sociais para falar a respeito dos esforços nos bastidores e os insights que participam da elaboração do evento. Fale para eles sobre suas expectativas em relação ao evento e que valor você quer criar para seu público. Faça com que eles se sintam parte da equipe antes mesmo da abertura do evento. Você pode até querer criar um preço especial que você promova, como uma recompensa, somente aos seus dedicados fãs e seguidores das mídias sociais.

À medida que você elabora o evento, blogue e tuite sobre os convidados, fornecedores e apresentadores. Fale favoravelmente sobre a comida e *networking*. Use o Facebook para compartilhar fotografias dos palestrantes com suas biografias. Apresente sua equipe do evento e as funções que ela desempenha. Aguce o interesse dos leitores em relação ao que você está criando e faça-o tangível com uma elevada percepção de valor. Você pode até gravar alguns vídeos digitais da organização do evento, e registrar fornecedores e palestrantes falando casualmente sobre o que eles esperam com interesse no acontecimento e quais valores oferecem aos visitantes. Na cultura atual de reality show, vislumbrar o "drama" por trás do espetáculo é praticamente esperado.

Você pode ir além e orquestrar seu próprio vídeo de reality show para encorajar a presença.

À medida que você promove seu evento, não negligencie Meetup.com. Este site é de localizações especificadas por cidade e CEP, e é uma ótima maneira de começar a construir um público muito antes do dia do seu evento de grande importância. Qualquer pessoa pode iniciar um grupo no Meetup. Os grupos são classificados por assuntos, então os recém-chegados podem facilmente localizar grupos aos quais eles desejam filiar-se de acordo com seus interesses. Você pode usar seu grupo no Meetup para promover teleclasses* e webinars (seminário ou palestra realizada pela web), além de eventos ao vivo, e você pode, ainda, criar uma expectativa em relação a um evento anual importante reunindo o grupo para um café ou almoço. Este também pode ser um grupo beta para ideias para seu evento maior, fornecendo uma oportunidade de experimentar tópicos de seminários ou colher informações a respeito de assuntos que despertam grande interesse.

Não esqueça de avisar tudo a respeito do seu grande evento aos outros grupos e clubes das mídias sociais nas quais você regularmente participa. Você pode convidar os membros de grupo (faça disso um convite sincero e não um anúncio que pareça um *spam* produzido para "as massas"), e

---

* Um seminário ao vivo para que as pessoas ouçam e participem por telefone ou acessem através de gravação em linha. (*N. do T.*)

faça comentários durante a elaboração do evento para criar conscientização. Você também pode aproveitar-se do conhecimento coletivo do grupo solicitando recomendações e orientações para locais de eventos, recursos, apresentadores, contatos com palestrantes e outras questões logísticas. Contate o líder dos grupos reais e virtuais dos quais você tem sido um membro ativo e pergunte se ele estaria disposto a oferecer ingressos com descontos aos membros dessas organizações para ajudar o evento de um colega.

Maximize o potencial dos eventos ao vivo e virtuais

Use o poder das mídias sociais para lançar suas promoções reais on-line e para criar eventos virtuais. Ao fazer isso você pode aumentar significativamente o impacto e alcance dos eventos que de outra forma poderiam ter sido limitados pelas condições do tempo, geografia ou trânsito.

Quando você for o mestre de cerimônias de um evento promocional ao vivo, pense em como fornecer oportunidades para participações ao vivo por meio das mídias sociais. Procure ter alguém responsável, durante o evento, pela criação de breves vídeos digitais e pela transferência destes para o YouTube. Tuite e blogue ao vivo do evento, e publique fotografias de concursos, palestrantes, apresentadores e participantes. Durante o evento organize um bate-papo ao vivo e encoraje os participantes do evento a tuitar ao vivo por meio de celulares ou de carregar as fotografias ou vídeos dos celulares do local para terem o *feeling* das coisas à medida que elas estejam acontecendo. (Certifique-se de que os apresentadores autorizem quaisquer apresentações que você gravar para evitar conflitos sobre direitos autorais. Vincule a liberação de vídeo com as condições descritas nos ingressos de todos os participantes de forma que qualquer indivíduo que participe já dê a permissão para aparecer no vídeo.)

Melhore o evento ao vivo acrescentando somente conteúdo on-line adicional publicado dentro das suas mídias sociais. Conceda aos apresentadores a oportunidade de contribuírem como convidados no blog, e encoraje-os a blogarem nos seus próprios sites antes, durante e depois do evento. Tenha uma conexão com uma central on-line onde palestrantes ou os principais participantes possam transferir tweets ou comentários. Organize um bate-papo ou fórum on-line onde as pessoas que não puderam participar ou cujas perguntas não foram respondidas durante o evento ao vivo possam fazer uma sessão de P&R com os especialistas. Ofereça aos apresentadores a oportunidade de oferecerem informações adicionais ou links para materiais mais detalhados nos seus sites de mídias sociais para que os participantes possam aumentar e aprofundar a experiência. Torne possível para os seguidores das mídias sociais submeterem perguntas que possam ser exigidas por um intermediário durante o evento, e então blogue ou tuite as respostas.

Você também pode usar estas estratégias para eventos on-line, tais como exposições virtuais e webinars. Sem as restrições de um local para o evento ou limite de tempo para o aluguel de quartos, seu evento pode permanecer nas mídias sociais pelo tempo que os participantes estiverem interessados, e pode continuar a existir virtualmente, para sempre.

Concursos e premiações para aumentar o burburinho em relação ao seu evento

Independentemente de seu evento ser ao vivo ou virtual, leve em consideração acrescentar algumas provas e apresentações de prêmios para incrementar o interesse em relação ao programa, criar mais motivos para publicidade e engajar a participação de grupos preexistentes.

Por exemplo, você pode criar uma prova, em que todos possam participar (sem a necessidade de qualquer compra), que exiba um uso criativo do seu produto. (O Heinz Ketchup realizou um grande trabalho encorajando usuários a gravarem e carregarem seus próprios vídeos sobre seu uso favorito de catchup no site deles.) Prometa selecionar as melhores contribuições e ofereça a premiação no evento. Agora você tem mais dois motivos para enviar importantes comunicados de imprensa: o concurso em si e o vencedor.

Criar uma premiação funciona de maneira muito semelhante. Você pode selecionar algum notável do seu ramo de atividade, um líder comunitário ou um autor com um importante livro sobre seu assunto e apresentar uma premiação por uma realização, por ser uma importante influência no seu ramo de atividade ou por sua liderança. Convide o vencedor a participar para receber o prêmio. Você também pode convidar o público e seus amigos/seguidores para submeterem nomes para consideração. Agora você possui três motivos para uma cobertura de imprensa: o processo de requerimento da premiação, o vencedor do prêmio e sua concessão no evento. Além disso, os finalistas e o laureado certamente mencionarão a premiação e seu evento para os leitores dos seus folhetos informativos e para seus amigos e seguidores das mídias sociais.

Recicle e adapte seus eventos

Com as mídias sociais, seu evento não precisa terminar. As mídias sociais oferecem uma grande oportunidade de reciclar e adaptar os materiais e a programação do seu evento para estender seu alcance muito além do público inicial.

Por exemplo, o áudio ou os vídeos da internet das apresentações podem ser oferecidos como um webinar (seminário transmitido pela internet) gratuito ou pago ou por meio de um download. (Certifique-se de combinar isso primeiramente com os apresentadores.) Se você gravou todo o evento, o DVD pode tornar-se o produto. (Novamente, certifique-se de que seu contrato com os palestrantes estabelece que é o dono dos direitos autorais do DVD do evento.) Você também pode dividir um extenso vídeo na internet ou webinar em segmentos curtos — com menos de cinco minutos de duração — e fazer uma serie de vídeos no YouTube para alcançar um público maior.

O conteúdo criado para apresentações pode ser reutilizado para publicações no blog e em artigos. Dê seguimento às apresentações populares com uma sessão adicional de perguntas e respostas com o apresentador e publique no seu blog. Convide palestrantes a submeterem artigos sobre o assunto em curso e aceite publicações de convidados. Realize seminários adicionais baseados nos tópicos mais populares. Procure maneiras de continuar uma parceria com seus palestrantes e vendedores para que ambos possam manter-se em evidência junto ao público dos boletins e mídias sociais um do outro.

As mídias sociais podem fazer com que seja fácil e econômico estender o prazo dos seus eventos on-line ou ao vivo, e podem criar oportunidades para maximizar suas promoções de venda enquanto encorajam a participação dos clientes.

Lembrete de resultados

Apenas anunciar um evento nas mídias sociais não garante o público. Como você engajará amigos, fãs e seguidores no processo?

A Regra dos 30

Quais são as 30 ações que você pode usar para promover seu evento antes, durante e depois da sua realização usando as mídias sociais?

Exercícios

1. Como você pode engajar a participação de clientes nos seus eventos e promoções por meio das mídias sociais? Olhando para seus eventos programados, quais são apropriados para vídeos produzidos pelos clientes, fotografias, tweets ou blog ao vivo? Onde você pode capturar áudios para a internet ou testemunhos em vídeo? Como você pode recompensar clientes que usam as mídias sociais para compartilhar seus eventos e promoções?
2. Não se esqueça das coisas simples. Use seu Facebook, Twitter e blog para lembrar os leitores sobre eventos que estão por vir, encoraje-os a trazer suas máquinas digitais ou tuitar/blogar ao vivo do evento, e mostre-se agradecido em relação àqueles que participaram.

CAPÍTULO 27
As mídias sociais e o autor

Hoje em dia, os autores encaram um desafio assustador. Estimativas de novos livros publicados anualmente variam de 200 a 400 mil, dependendo do que é incluso e quem está contando. É muita competição. Entre em qualquer livraria e verá centenas de títulos competindo pela atenção e carteira do leitor. Faça uma busca na internet e encontrará milhares de livros eletrônicos, audiobooks e autopublicações, juntamente com a pequena imprensa (é um termo frequentemente usado para descrever as editoras com faturamento anual abaixo de um certo número. Comumente, no Estados Unidos, isso é definido em 50 milhões de dólares, depois de devoluções e descontos. Editoras de pequeno porte são também definidas como aquelas que publicam uma média de menos de dez títulos por ano, embora existam algumas que consigam fazer mais), e livros publicados por editoras tradicionais. Muitas comunidades testemunharam o desaparecimento de livrarias de bairro e uma redução nos horários de funcionamento de bibliotecas devido a questões orçamentárias.

Escrever o livro é a parte simples. O desafio é promover o livro para seus leitores mais prováveis.

As mídias sociais podem ajudar os autores a se organizarem em meio à desordem, entrar em contato com leitores e formadores de opinião (tais como clientes de livrarias e bibliotecários) e manter um relacionamento com os leitores e revisores entre um livro e outro. As mídias sociais também são uma ótima maneira de acrescentar visão, som e movimento de forma a incrementar seus livros, e ajudá-lo a destacar-se como uma personalidade interessante, merecedora de atenção da mídia.

Faça a conexão

Uma das melhores maneiras para fazer com que as pessoas falem sobre seu novo livro é por meio das mídias sociais. Crie uma página de fãs para seu livro no Facebook e um site no MySpace. Abra uma conta no Twitter com seu próprio nome e certifique-se de incluir nos seus contatos profissionais no LinkedIn pessoas que trabalhem em editoras.

Use seu blog e site como uma plataforma de mídia para falar sobre seu livros e assuntos relacionados.

O que mais tem para se falar a respeito além do fato de que o livro tem uma data de lançamento? Muito. À medida que você organiza a noite de autógrafos, palestras e aparições ao vivo, você deve blogar, publicar e tuitar a respeito desses eventos. Procure conexões com manchetes recentes sobre as quais você possa falar em publicações no blog e artigos on-line (vincular seu artigo com manchetes torna-o extremamente fácil de ser encontrado pelos programas de busca). À medida que você conhecer outros autores, ofereça permutar publicações no blog ou publique como convidado em assuntos relacionados com sua especialidade, ou ramo de atividade (para livros de não ficção), ou para o gênero que tem mais a ver com você, para livros de ficção.

Independentemente de seu livro ser ficção ou não ficção, use as estratégias previamente mencionadas neste livro de conectar-se ao público para descobrir onde seus potenciais leitores já estão se reunindo. O Facebook, o Twitter e o MySpace têm vários grupos específicos separados por gênero para autores de ficção que podem ser utilizados, e grupos relacionados com um determinado assunto que são perfeitos para autores de livros de não ficção. Lembre-se: não envie *spams* nem force uma venda. Certifique-se de que o título e o website do seu livro estejam contidos em sua caixa de assinatura, e, então, comece a interagir com as comunidades existentes respondendo às perguntas do fórum, publicando comentários no blog e convidando leitores que compartilham seus interesses a examinarem seu site e serem seus fãs, amigos ou seguidores.

Os leitores apreciam a sensação de que eles estão conhecendo a pessoa que escreveu o livro. Afinal de contas, este é o apelo de conhecer o autor na noite de autógrafos ou em um evento ao vivo. Independentemente do quão proativo você for em promover seu livro, você não será capaz de visitar todas as comunidades, então use as mídias sociais para preencher a lacuna. Crie um vídeo de boas-vindas para a página principal do seu site. Crie uma saudação de áudio na internet e registre sua leitura do primeiro capítulo. Deixe que sua personalidade floresça nas suas publicações de blog e tweets.

Compile sua própria lista de críticos literários, bibliotecários e gerentes de livrarias e envie a eles um e-mail personalizado apresentando seu livro, e procure maneiras de relacionar-se. Não se esqueça de incluir clubes de livros, grupos de autores e as associações e organizações profissionais de sua localidade interessadas no seu assunto. Em vez de incluir vários anexos (muitas pessoas não abrirão nada de alguém que não conheçam, e alguns *firewalls* removem anexos), inclua um link para o website do seu livro. Ofereça enviar uma cópia revisada, dar uma palestra, ou mencione sua vontade de escrever um artigo ou blogar como convidado.

Permaneça em evidência

Se você estiver publicando vários livros, é importante manter um relacionamento com os leitores entre uma publicação e outra, porque os intervalos de atenção são curtos. Um leitor que adorou seu primeiro livro pode tê-lo esquecido até o lançamento do segundo. Use as mídias sociais para permanecer em contato com os leitores e forneça atualizações sobre o progresso do novo livro, links para críticas ou entrevistas, novos vídeos ou áudio de programas de rádio para os quais você foi convidado.

Você pode manter as conversas atuais e incluir algumas diversões adicionando coisas como perguntas sobre curiosidades, pesquisas e pesquisas de opinião. Não esqueça de usar *social bookmarking* quando receber uma boa crítica, tiver um artigo publicado ou quando você vir a publicação on-line de sua entrevista de rádio na internet. Você também pode enviar esses links para seus leitores nos seus sites de mídias sociais. Torne-se amigo e seguidor de outros autores à medida que os conhecer e retuite suas publicações para construir boa vontade.

As mídias sociais fazem com que seja mais fácil que os autores fisicamente separados promovam as obras de outros autores. A maioria dos leitores lerá vários livros em um ano, então, se você obtiver evidência com os leitores de um autor semelhante (e oferecê-los, em troca, essa mesma visibilidade por meio dos seus leitores), ambos vão se beneficiar. É como ter uma referência de um amigo de confiança. A troca de publicações no blog é uma das maneiras através da qual os autores podem usar as mídias sociais para promoções cruzadas, assim como o retweet de links e comentários interessantes. Vocês também podem compartilhar um blog em caráter permanente, que reduz o comprometimento de cada um em manter o blog atualizado. Você também pode oferecer amostras grátis, que possam ser baixadas, de outros autores amigos, como bônus para os leitores que solicitem seu livro antes do lançamento ou o comprem on-line; e encorajar seus autores amigos a fazerem o mesmo por você. Todo mundo adora amostras grátis. Você está limitado apenas pela sua imaginação.

Leve em consideração a criação de eventos on-line anuais, especialmente se você estiver escrevendo uma série de livros ou tiver novos produtos relacionados já alinhados para serem lançados. *Blog tours* são populares e podem fazer com que o mundo saiba sobre seu livro sem que você jamais tenha que sair de casa. Comece pela identificação de uma dúzia de blogueiros que já estejam em contato com seu público-alvo. Separe uma semana no seu calendário para seu *blog tour*, e entre em contato com blogueiros solicitando que eles bloguem como convidados e participem de entrevistas ou sessões de perguntas e respostas nesse período. Prometa promover o evento antes, durante e depois de sua realização para fornecer a eles uma nova visibilidade. Você também pode incluir amostras de capítulos, que podem ser gratuitamente baixados, áudios e vídeos da web, como bônus, e a oportunidade de responder ao vivo aos comentários dos blogs em um horário específico.

O rádio na internet tem programas voltados para qualquer assunto de ficção ou não ficção. Esses programas normalmente oferecem entrevistas mais longas que as estações de rádio tradicionais, e alcançam um nicho de público fiel. O YouTube é uma ótima maneira de publicar blogs de vídeos de suas aparições ao vivo. Você também pode publicar viagens relacionadas ao seu livro ou fotos do evento — por meio do Flickr — para acrescentar vivacidade e personalidade ao seu site o ano inteiro.

Os leitores adoram as mídias sociais

As mídias sociais oferecem uma valiosa coleção de sites apenas para autores, leitores e amantes de livros. Abaixo algumas que valem a pena visitar:

~ Shelfari.com permite que os leitores e autores criem uma estante virtual dos seus livros favoritos e os encoraja a fazerem recomendações. Normalmente, há debates animados sobre livros assim como leitores procurando sugestões sobre livros novos.

~ BookTour.com fornece aos autores a chance de publicar seus eventos vindouros, e deixa os leitores cientes sobre *author readings** e noites de autógrafos na sua localidade.

---

* Sessões gratuitas e abertas ao público, em livrarias, nas quais o autor do livro lê trechos de sua obra. (*N. do T.*)

- Bookmarket.ning.com é uma comunidade on-line de leitores e autores dedicados que adoram falar sobre livros, publicações e manuscritos. Trata-se de um ótimo local para conhecer pessoas e explorar as novidades.
- A Amazon.com oferece aos autores de livros publicados para venda nesse site a oportunidade de terem uma página de perfil gratuita e um blog. A Amazon envia automaticamente para todos os indivíduos que compram um livro através dela o blog do seu autor, que é uma ótima forma de manter contato com os leitores que de outra maneira não poderiam ser contatados.
- AuthorNation.com é outro site de filiação gratuita onde os autores, leitores e editores relacionam-se e falam sobre livros e manuscritos.
- GoodReads.com é um site para amantes de livros. O foco é na descoberta, discussão e recomendação de novos livros. O site adora autores e é uma grande maneira de entrar em contato com leitores.
- BlogTalkRadio.com é sua porta de entrada para encontrar milhares de programas de rádio na internet e podcasts sobre o seu tópico e gênero de interesse. Muitos programas são populares tendo um público numeroso e leal. De importância ainda maior, esses programas falam com um nicho de ouvintes que podem ser o público-alvo ideal para seu livro.

~ RedRoom.com é uma próspera comunidade de autores e leitores abrangendo uma ampla gama de tópicos e gêneros.
~ Meetup.com apresenta muitos grupos de escritores e clubes de livros da comunidade, tornando-o uma ótima maneira de encontrar grupos que podem querê-lo como um autor convidado!
~ Podiobooks.com torna fácil para os autores gravarem e distribuírem seu livro em um formato de áudio. Ele também tem uma vibrante comunidade on-line de autores, ouvintes e amigos.

Novos sites surgem quase que diariamente, e há muitos sites que se especializam em um determinado tópico ou gênero. Encontre o site que mais se adapte a você e comece a entrar em contato com seus participantes!

Lembrete de resultados

O editor não consegue promover seu livro sozinho. Use as mídias sociais para um alcance eficiente, econômico e que tenha foco.

A Regra dos 30

Como você pode criar 30 ações através das mídias sociais para conectar com os leitores e deixar o mundo ciente sobre seu livro?

Exercícios

1. Explores os grupos e Twibes dedicados ao seu gênero ou assunto. Busque maneiras de relacionar-se com esses públicos.
2. Pense sobre que coisas promocionais (capítulos gratuitos, vídeos, áudios etc.) você pode oferecer por meio das mídias sociais.
3. Faça uma lista de 30 sugestões e assuntos sobre seu livro que você pode usar com publicações no blog ou tweets.

CAPÍTULO 28
As mídias sociais e o palestrante

Atualmente os palestrantes enfrentam uma árdua competição. As incertezas econômicas levam muitas empresas e organizações a reduzirem o número de eventos e de renegociarem honorários e reembolsos dos palestrantes. A despeito dessas dificuldades, palestras ainda são importante fonte de renda para muitos especialistas e um modo de treinadores, consultores e autores serem reconhecidos.

Muito dos conselhos para autores, apresentados no último capítulo, aplicam-se também aos palestrantes. Muitos também têm livros ou informações sobre produtos sobre os quais eles escreveram, então, consequentemente, eles podem se beneficiar promovendo tanto seus livros como sua disponibilidade como palestrante. As mídias sociais podem ajudar.

Forneça uma amostra grátis

É compreensível que os organizadores de eventos relutem em convidar um palestrante que eles nunca viram. Você pode usar vídeos na internet para ajudar a superar essa relutância fornecendo aos organizadores uma amostra grátis de sua palestra. Os organizadores podem verificar seu website antes de contatá-lo para um DVD demonstrativo, portanto, poucos clipes curtos que exibam suas qualidades como palestrante podem ser suficientes para encorajá-los a prosseguirem com o processo de sua contratação para o evento deles.

Não publique clipes apenas no seu site. Use vídeos no Facebook e LinkedIn, e tuite sobre seus novos vídeos no YouTube quando publicá-los. Você também pode incluir seus novos vídeos no seu blog, com a oportunidade de acrescentar comentários ou insights adicionais.

Os organizadores de eventos gostam de ver provas de que você é um palestrante requisitado. Blogue e tuite sobre seus eventos vindouros, e atualize seu status no Facebook e LinkedIn quando estiver indo aos eventos, e quando publicar fotografias, vídeos ou um resumo. Quando você discursar, convide os ouvintes a tornarem-se seus amigos, fãs e seguidores nas mídias sociais, e encoraje-os a publicarem comentários sobre o que sua apresentação teve de mais proveitosa.

Trabalhe com os promotores do evento do qual você é palestrante antes e após sua realização. Ofereça os blogs de convidados ou artigos relacionados com sua especialidade, e certifique-se de enviá-los para sua conta no YouTube. Sempre solicite recomendações, e publique-as nos seus sites.

Amostras de áudio também são ótimas pré-estreias daquilo que você oferece como palestrante. Quando você participa de uma *teleclass* ou uma entrevista de rádio, inclua um link para o áudio no seu website. Escolha um segmento vivaz de um *teleseminar** para mantê-lo curto, mas certifique-se de exibir tanto seu conhecimento quanto seu estilo de pronunciamento.

Promova seus eventos vindouros

Organizadores de eventos também adoram palestrantes que os ajudem a fazer propaganda deles. Quando você contata grupos para dar palestras, certifique-se de mencionar se você acumulou um grande número de fãs no Facebook ou seguidores no Twitter. Também é vantajoso se há milhares de pessoas na sua lista de *opt-in*. Fale entusiasticamente sobre o evento e encoraje seus seguidores a participarem pela oportunidade de conhecê-lo pessoalmente.

---

* São usados para fornecer informação, treinamento, promover ou vender produtos para um grupo de pessoas interessadas em um determinado tópico. Eles são semelhantes aos tradicionais seminários, em conteúdo e finalidade, mas são dados através de teleconferência (*N. do T.*)

Se você estiver viajando, entre em contato com grupos de Meetup da região e convide-os a unirem-se a você no próximo evento se o programa for aberto ao público. Se você não puder convidá-los para o evento principal, veja se eles gostariam de encontrá-lo para um café. Você também pode entrar em contato com as organizações nacionais das quais você é membro e que se refiram ao seu tópico (grupos como eWomenNetwork, National Speakers Association, National Association of Women Business Owners etc.) e estender os mesmos convites.

Não esqueça de conectar-se por meio dos grupos online do Facebook, LinkedIn e Twitter para todos os mesmos grupos e convidá-los a participarem e compartilharem conselhos relacionados com o tópico de sua palestra. Fale sobre seus programas vindouros nas suas próprias páginas do Facebook, Twitter e LinkedIn, não para forçar uma venda, mas como um valioso conteúdo que você está ansioso para compartilhar. Você pode descobrir que alguns dos seus contatos estarão na localidade e poderão comparecer, ou que têm amigos que eles possam pedir que participem.

Promova, ao vivo, a partir do evento por meio do Twitter. Não apenas tuite sobre sua participação — deixe que todos saibam o quanto você está se divertindo, o quão importante são os palestrantes e quão bom é o evento. Tuite sobre as pessoas que você conhece e os seminários de que estiver participando. Tire fotografias a partir do seu celular e publique-as imediatamente.

Promova após o evento (ótimo para ser convidado novamente) por meio do blog, Twitter e publicando após chegar em casa. (Certifique-se de que enviou uma cópia ao organizador que o convidou para que ele possa ver quanta publicidade gratuita você forneceu.) Escreva um artigo para seu folheto informativo e depois compartilhe-o no seu blog e em *sound bites** no seu *twitter feed*. Leve sua câmera digital ao evento e crie um álbum de vídeo blogs e depois publique-o no YouTube. Tuite o link, acrescente-o ao seus outros sites de mídias sociais, e certifique-se de usar *social bookmarking* para compartilhá-lo. Após o evento, quando você enviar correios eletrônicos para os outros participantes e palestrantes que conheceu, inclua os links para seu vídeo e outras promoções para que eles também tenham a sensação do dever cumprido. Conecte-se aos organizadores, palestrantes e participantes que conheceu no Facebook, Twitter e outros sites, e escolha os melhores contatos para adicionar no LinkedIn.

Envie uma mensagem aos palestrantes que você conheceu no evento estendendo esse contato, oferecendo tê-los como convidados do seu blog ou podcast. Agora, você tem um outro motivo para conversar. Isso pode ser uma ótima maneira de compartilhar recomendações para outras prováveis palestras ou oportunidades de colaboração para vocês.

---

* Uma frase curta, concisa ou frase extraída de um longo discurso para uso em rádio ou televisão. (*N. do T.*)

É óbvio, se você estiver recebendo um convidado no seu site, esse é mais um motivo para promover as mídias sociais!

Se você tem os nomes dos principais contatos da cidade para onde vai, independentemente deles serem repórteres, radialistas ou contatos profissionais, procure-os no Facebook, Twitter, blogs e LinkedIn e estabeleça um relacionamento. Deixe-os cientes de que você estará na região e que gostaria de conversar ou marcar um encontro para um café. Você também pode organizar seus contatos no LinkedIn próximos à cidade do seu evento e solicitar que eles o recomendem para as mídias locais ou que lhe coloquem em contato com as pessoas que você gostaria de conhecer. Faça seus investimentos de viagem renderem ainda mais colocando nos seus principais eventos minieventos ou encontros adicionais.

Não negligencie as relações públicas na internet

Não deixe nas mãos dos organizadores a publicidade dos seus eventos. Quando você se inscrever em um, mande um comunicado à imprensa e o envie para os vários sites gratuitos de distribuição de comunicados de imprensa. Cada comunicado aumenta o número de lugares nos quais seu nome aparece nos resultados de programas de busca, e esses links podem ajudar a direcionar o tráfego para seu site. Depois, tuite os links para seus comunicados de imprensa, publique-os nos sites de *social bookmarking* e acrescente-os nos seus outros sites e páginas de mídias sociais.

Você talvez queira criar um blog apenas para seus comunicados em imprensa, e um outro para suas aparições futuras, e fazer com que ambos alimentem seu site e outras páginas de mídias sociais. Isso facilita e torna econômico acrescentar nos seus comunicados de imprensa e eventos sem a ajuda de um designer, mantém sua agenda e notícias atualizadas e em evidência nos seus sites e faz seus esforços e links trabalharem ainda mais para você.

Quando você estiver trabalhando com a mídia local na cidade onde estará palestrando, não ignore programas locais de rádio baseados na internet, sites relacionados com um jornal ou localização que permitem que você publique anúncios do evento, e a opção atualmente disponível de publicar suas próprias notícias em sites de jornais, televisão e rádio. Você pode produzir, e depois publicar, seu próprio comunicado de imprensa de vídeo com uma filmadora digital e fazer com que um amigo desempenhe a função de âncora, fazendo com que se assemelhe a uma entrevista televisiva. (Importante: a intenção é criar um item informativo em um formato de notícias, para não iludir o telespectador que ele está assistindo a um videoclip de um noticiário. Nos créditos do videoclip sempre cite sua empresa como a produtora.)

Use suas mídias sociais para fornecer novas ideias para eventos e inscrições. Envie alertas do Google não só em relação ao seu nome, títulos de livros e nome da sua empresa, mas use-o para verificar o que seus competidores estão fazendo. Acrescente os nomes dos cinco principais palestrantes da sua especialidade ou ramo de atividade e veja onde eles estão palestrando. Isso pode lhe fornecer novas ideias para as filiais locais ou regionais das mesmas organizações, ou para uma apresentação que seja semelhante mas não repetitiva para expor a venda para esse grupo no ano seguinte. Se você se tornar um assinante de sites como eSpeaker.com ou outras empresas de palestras on-line, certifique-se de usar os fóruns e perfis dos membros para fazer seus próprios contatos com os outros palestrantes. Apresente-se e faça alianças onde vocês dois compartilham pesquisas, contatos e conselhos sobre eventos. Você também pode usar o Facebook e o LinkedIn para fazer o mesmo com os palestrantes que conhecer nas conferências e eventos em que você participa.

Lembrete de resultados

As mídias sociais oferecem uma grande oportunidade de impressionar os organizadores de eventos antes mesmo deles pegarem o telefone.

A Regra dos 30

Quais são os 30 conselhos, clipes de vídeos, *sound bites* e amostras grátis que você pode usar nos seus sites de mídias sociais para impressionar os organizadores de eventos e potenciais públicos?

Exercícios

1. Se você pertence a empresas de palestrantes on-line ou organizações de palestrantes profissionais, verifique os elementos midiáticos dos seus sites, tais como os perfis on-line, fóruns e blogs. Certifique-se de que os aproveita como parte de sua estratégia nas mídias sociais.
2. Encare cada oportunidade nas mídias sociais como um ensaio para um novo compromisso para dar uma palestra. Aproveite ao máximo os clipes de áudio e vídeo para permitir que o público-alvo veja o que você tem de melhor.
3. Faça uma lista ou crie um calendário exibindo todas as suas palestras futuras. Agora, use esses eventos como o assunto para publicações no blog ou tweets, incorporando-os no conteúdo de sua estratégia para as mídias sociais.

CAPÍTULO 29
As mídias sociais e o funil de vendas

Seu funil de vendas é aquela passagem cada vez mais estreita através da qual você leva as pessoas de *prospects* a clientes, passando da aquisição de um item de baixo preço às suas ofertas mais caras.

Um funil de vendas é importante porque a maioria das pessoas não está disposta a comprar seu produto mais caro antes de conhecê-lo. O processo de conhecê-lo engloba aquelas 30 ações que devem repercutir com essas pessoas quando suas necessidades se tornarem urgentes. Ao longo do processo, essas 30 ações ajudam um potencial cliente a aprender a confiar em você e fornecer garantias a ele de que você pode ajudá-lo a resolver seu problema.

As mídias sociais fornecem múltiplos pontos de contatos, com um bom custo-benefício, entre os *prospects* e seu funil de vendas. Quando um *prospect* o encontra em múltiplos locais, você começa a trabalhar com as 30 ações e há um desenvolvimento de uma relação de confiança. Esses toques tornam-se um relacionamento, e as pessoas compram de indivíduos com quem elas se relacionam.

"Ao longo da estrada"

Pense sobre todos os produtos e serviços que você oferece. Pegue um pedaço de papel e liste esses itens, do mais barato ao mais caro. Os *prospects* provavelmente experimentarão comprar de você com o mais baixo grau de comprometimento e pagando o menor preço antes de estabelecerem um relacionamento mais estreito. Se eles gostarem do primeiro produto, os clientes potenciais mais comprometidos prosseguirão pelo seu funil de compras para comprarem um item maior ou mais elaborado, e os mais motivados de todos, que visualizam conveniência reforçada pelas suas compras anteriores, desembolsarão grandes quantias.

Quantos dos seus produtos e serviços (pontos de entrada para seu funil de vendas) os *prospects* encontram por meio dos seus sites atuais de mídias sociais? Aqui estão algumas maneiras de *soft-sell** para criar visibilidade para seu

---

* Método de venda ou propaganda que envolve persuasão sem pressão. (*N. do T.*)

funil de vendas enquanto mantém o tom conversacional em suas mídias sociais:
- ~ Certifique-se de que seu perfil on-line nomeia você como autor/criador/fornecedor dos produtos no seu funil de vendas. Estes podem ser livros, kits para estudar em casa, CDs ou DVDs, *teleseminars*, eventos ao vivo ou consultorias. Não deixe que os leitores extraiam essas informações do seu site.
- ~ Apresente conselhos semanais dos seus livros, aulas ou produtos informativos e dê crédito à fonte.
- ~ À medida que você publica no seu blog e responde perguntas do fórum, casualmente faça referências aos seus livros, aulas e eventos. Faça parecer natural e evite soar artificial. Expresse a referência da maneira como você faria se estivesse tendo uma conversa cara a cara.
- ~ Liste seu melhor produto introdutório na sua assinatura de e-mail e use essa caixa de assinatura quando responder perguntas do fórum.
- ~ Reveze as amostras grátis distribuídas. Essas podem incluir um único capítulo de um livro, um trecho de 15 minutos de um seminário on-line ou um trecho de vídeo de um evento ao vivo.
- ~ Tenha pelo menos 12 itens que possam ser gratuitamente oferecidos por meio de download (uma ótima maneira de reutilizar artigos, notas para imprensa, apresentações de slides ou gravações de áudio) e ofereça-os para amigos e seguidores das

mídias sociais para aumentar a participação deles no funil de vendas. Melhor ainda, desenvolva sua lista de *opt-in* exigindo um correio eletrônico para fornecer satisfação.

A força dos minieventos

Use o poder multimídia dos sites de redes sociais para organizar seus próprios minieventos e exibir seu funil. Esta é uma ótima maneira de criar um novo propósito de conteúdo que você já criou e apresentou.

Por exemplo, convide seus amigos no Facebook ou seguidores do Twitter para um minievento on-line de um dia. Você pode ter vários clipes de áudio curtos (não mais do que dez a 15 minutos cada), e um folheto que você pode baixar, talvez um vídeo breve (menos de dez minutos), e uma prova ou folha de trabalho on-line. Ofereça um item gratuito como um "agradecimento" pela participação. Promova o minievento antecipadamente e planeje estar disponível no dia para responder a perguntas no Twitter e/ou no Facebook.

Você também pode criar um microevento no Twitter anunciando que em determinado dia e horário você estará tuitando conteúdo sobre um assunto e recebendo perguntas ao vivo. Faça com que todos saibam antecipadamente. Torne-o mais atraente realizando um sorteio (talvez um livro eletrônico ou um pequeno produto, pelo qual você normalmente cobraria, que possa ser baixado via download) entre as pessoas que participaram e interagiram durante o período do evento.

Você também pode organizar o lançamento de um livro e uma festa on-line por meio das mídias sociais. Livros são ótimos canalizadores de vendas, porque eles expõem os *prospects* ao seu conhecimento, personalidade e opiniões oferecendo um baixo custo e risco ao comprador. Se o leitor gostar do livro, é mais tentador para ele aprofundar-se e obter mais produtos de você, prosseguindo ao longo do seu funil de vendas.

Fale empolgadamente sobre seu livro novo e a data de publicação. Promova a festa de lançamento on-line do seu livro e convide as pessoas da sua lista de correio eletrônico assim como seus fãs, amigos e seguidores. Escreva um comunicado de imprensa convidando o público em geral. Faça a festa de lançamento um dia antes de o livro estar disponível nas livrarias. Você pode até fazer com que o seu artista gráfico crie decorações de festas digitais, tais como um estandarte, ícones que podem ser baixados, ou *bookplates** "autografados" que os participantes possam baixar para colocar nas suas cópias do livro.

Planeje oferecer uma prévia breve do primeiro capítulo, e antecipadamente assegure-se de que sua arte de capa esteja bem adiantada. Exiba também sua própria foto, talvez segurando uma cópia do livro e cortando um pedaço

---

* Folha informativa na parte interior da capa de um livro. (*N. do T.*)

de bolo para celebrar. Você também pode mostrar fotos com seu agente, editor ou autores notáveis se você realizou eventos de pré-lançamento ao vivo.

Crie uma saudação para a festa de lançamento do seu vídeo e publique-o para a festa. Você pode até mesmo criar "favores" para a festa que são pequenos estandartes gráficos que seus convidados podem colocar nos seus próprios sites anunciando que eles receberam o ícone na sua festa. (Que ótima maneira de criar um marketing viral — solicitando que seus convidados acrescentem um miniestandarte/ícone que acesse sua página de vendas ou o link da Amazon!) Durante a festa, planeje estar presente ao vivo nos seus principais sites de mídias sociais para cumprimentar convidados, responder a perguntas e conversar.

Se você não tiver um livro, revise o evento de lançamento para celebrar qualquer nova realização que conquistou recentemente. O objetivo é divertir-se e criar uma razão interessante e interativa para que as pessoas visitem ou voltem a visitar seus sites

Leve seus amigos aos bastidores

Crie interesse em relação aos produtos do seu funil de vendas falando sobre como você elabora os livros, eventos ao vivo e outros itens que comercializa. As pessoas adoram aprender "como é feito", como atestam programas de televisão que vão desde culinária à construção. Blogue ou tuite sobre as etapas e o processo de escrever, gravar ou planejar os eventos. Fale a respeito dos triunfos, empecilhos e frustrações.

Publicações como essas ainda falam sobre seus produtos, mas não com a intenção de vendê-los. Os leitores que o acompanham começarão a ter um investimento emocional ao ver o produto acabado. Eles também, provavelmente, sentirão que um relacionamento foi criado ao longo dos meses onde ocorreu uma festa para os jornalistas.

Uma outra maneira de envolver seus leitores com seu funil de vendas é criar uma estrutura de marketing anexa para encorajá-los e premiá-los por promoverem seus produtos com seus próprios amigos e listas de e-mail. Sites como Commission Junction (www.cj.com) facilitam a elaboração e gerenciamento do seu próprio programa associado. Os sites associados recebem um percentual (normalmente 10 a 20%) do preço dos produtos que eles revendem. Especialistas que têm grandes listas de *opt-in* e milhares de leitores exigem um percentual maior para promoverem produtos afiliados, mas também oferecem mais exposição. Você precisará fornecer aos seus afiliados informações de marketing para que eles compreendam como promover corretamente seus produtos, mas muitos especialistas que vendem mercadorias on-line veem os afiliados como uma boa maneira de aumentar sua visibilidade. O Commission Junction e outros sites de gerenciamento de afiliados também oferecem suas próprias comunidades em que você pode conhecer e aumentar sua rede de contatos com outros afiliados e empreendedores.

Lembrete de resultados

Os *prospects* preferem passos pequenos antes das grandes aquisições. Facilite o processo deles com uma progressão graduada de produtos e serviços visíveis por meio das suas mídias sociais.

A Regra dos 30

Usando as ideias neste capítulo, quais são as 30 ações que você poderia criar para promover seus produtos no funil de vendas, enquanto você mantém uma conversa e desenvolve relacionamentos?

Exercícios

1. Observe a lista que você fez, organizando seus produtos ou serviços do mais barato ao mais caro. Agora, faça uma segunda lista, relacionando cada produto, como ideias para aumentar sua visibilidade usando as mídias sociais.
2. Acrescente ao seu principal calendário de eventos as datas de lançamento dos seus produtos e relacione-os com seu conteúdo on-line de relações públicas e mídias sociais.

CAPÍTULO 30
Após um mês: para onde eu vou daqui?

Caso você tenha posto em prática as táticas deste livro durante um mês, parabéns! Você realizou um grande passo promovendo a si mesmo, seu negócio e seus produtos.

Passe alguns momentos relembrando antes de ir adiante. Pense naquelas metas profissionais priorizadas do início do livro. Agora é um bom momento para rever suas três principais metas. Suas prioridades mudaram? Caso sua resposta seja afirmativa, trace novas prioridades. Agora repense os públicos-alvo associados à sua meta profissional principal. Você aprendeu algo de novo sobre esse público à medida que trabalhou com os exercícios neste livro? Faça um registro disso.

Resultados de curto e longo prazo

Trinta dias de ação resultam em uma sólida e nova plataforma de mídia social. Seguir com esse ímpeto e avançar exigem um comprometimento em manter e aumentar o que você construiu pelo tempo à medida que fornece resultados. Você não pode construí-la e desistir. A boa notícia é que é mais fácil manter algo que está funcionando do que construí-lo do zero. Você também criou um novo hábito de investir 30 minutos diários na criação e gerenciamento das suas promoções nas mídias sociais. Esse hábito será útil à medida que você seguir adiante.

Do mesmo modo que relações públicas, propaganda e outras promoções, as mídias sociais também exigem algum tempo para que você recupere seu investimento. Elas recompensam as pessoas que são sinceras no seu interesse de fazerem parte de uma comunidade permanente, e se afasta dos visitantes. Assim como uma comunidade física, você deve investir tempo e esforço para realmente tornar-se um membro. As pessoas que obtêm os melhores resultados nas mídias sociais estão genuinamente interessadas nas comunidades on-line das quais fazem parte e procuram fazer com que a interação nesses grupos seja de troca.

Caso a primeira meta, após 30 dias, tenha sido criar uma poderosa plataforma de mídia social que tenha valiosas interconexões e alcance comunidades onde seu público-alvo já esteja bem representado, então a aplicação dos exercícios deste livro devem ajudá-lo a obter esse resultado.

Agora que colocou em prática sua estratégia de mídias sociais, você tem algumas escolhas a fazer nos próximos 30 dias para que os resultados de curto prazo migrem para resultados de longo prazo.

Você pode começar estudando sua segunda e terceira metas profissionais e incluí-las na sua estratégia de mídias sociais. Ou você pode querer cuidar de outro tipo de marketing para colocá-lo em prática enquanto mantém o que construiu nas mídias sociais. A abordagem dos 30 dias pode facilmente ser aplicada a relações públicas, rede sociais, propaganda paga e outros tipos de promoções. A chave é certificar-se de que suas novas medidas alavanquem a visibilidade que você construiu com sua atual plataforma de mídias sociais para obter a maior eficácia em relação ao seu investimento de tempo e dinheiro.

Encontre um novo ponto de partida

Por meio da implementação daquilo que aprendeu neste livro você pode colocar suas mídias sociais em funcionamento repletas de conteúdo valioso. Você também aprendeu como entrar em contato com novos amigos, fãs e seguidores ao mesmo tempo em que fortaleceu seus relacionamentos com colegas e parceiros profissionais no mundo real. Você ergueu o edifício. O próximo passo é ocupá-lo e começar a trabalhar.

À medida que você permanecer engajado nas mídias sociais, novos sites que tenham potencial chamarão sua atenção. Novos aplicativos e um *widget** criarão novas oportunidades de aperfeiçoamento da maneira através da qual suas páginas se comunicam com os leitores. Você verá outros realizando coisas inovadoras com suas mídias sociais e poderá ter o desejo de adaptar essas técnicas ao seu próprio site. E, obviamente, mês a mês, você acrescentará novos amigos, fãs e seguidores por meio de contatos estratégicos e relacionando-se com novas pessoas que conheceu na vida real.

Talvez você não tenha tido tempo durante os primeiros 30 dias para realizar tudo o que queria fazer nas mídias sociais. Se esse é o fato, faça uma lista das suas próximas metas e use o método do guia dos 30 dias para alcançá-las.

Esta é também uma boa hora de procurar maneiras de aperfeiçoar a integração das suas mídias sociais com o restante dos seus eventos promocionais. Se você ainda não começou um cronograma, essa é uma boa hora. Compre um grande calendário em branco em uma papelaria. Certifique-se que cada dia dele possua espaço suficiente para escrever, e escolha um formato que permita que você visualize pelo menos três meses por vez. Preencha o calendário incluindo estes itens:

~ Eventos futuros, tanto ao vivo quanto virtuais, dos quais você será o apresentador.

---

* É um componente de uma interface gráfica do usuário, que inclui janelas, botões, menus, ícones, barras de rolagem etc. (*N. do T.*)

- Convites para dar palestras.
- Importantes oportunidades de relações públicas, tais como o lançamento de produtos, publicações de livros ou novas locações.
- Os dias de cada semana que você regularmente usa o blog e Tuitter.
- Quaisquer ofertas promocionais que estiver planejando.
- Férias com links para seus produtos ou serviços.
- Propagandas pagas já programadas para serem exibidas.
- Entrevistas vindouras, datas para participar como convidado em blogs ou artigos agendados para serem submetidos.

Agora pense em como todas essas oportunidades promocionais podem ser alavancadas por meio das mídias sociais. Planeje usar parte dos seus 30 minutos diários para integrar essas oportunidades de visibilidade nos seus sites de mídias sociais para a obtenção de máxima visibilidade. Mantenha seus olhos abertos para novas maneiras de acrescentar seus 30 toques mágicos à medida que você desenvolve adições para seus produtos e serviços. E à medida que você acrescenta novos elementos ao seu mix de marketing, tais como palestras ou eventos, procure maneiras de integrar esses esforços na sua plataforma de mídias sociais.

Se você já decidiu acrescentar um outro elemento de marketing ao mix nos próximos 30 dias usando o método para Guia dos 30 dias, certifique-se em manter pelo menos dois períodos de 30 minutos por semana para manter seus sites de mídias sociais. As mídias sociais não funcionam sozinhas, e sites que você constrói e esquece rapidamente perdem seus fãs e amigos devido à ausência de novo conteúdo.

Torne mais leve o comprometimento de tempo com um pouco de ajuda de alguns amigos

Não há uma solução mágica para promoção. Ela exige tempo e comprometimento, e fornece os melhores resultados quando tem a oportunidade de fazer uma diferença no longo prazo. Esse tipo de obrigação permanente pode parecer assustador, especialmente para os proprietários de pequenos negócios e profissionais autônomos. Você pode maximizar seus resultados e diminuir o fardo unindo-se a colegas e usando um assistente virtual.

Blogs são locais lógicos para unir-se a outros profissionais que alcançam o mesmo público-alvo, mas com produtos ou serviços não competitivos. Veja se você consegue encontrar várias outras pessoas que você profissionalmente respeite para tornarem-se blogueiras em um site que todos vocês compartilham. Designe dias específicos a todos para blogar e divida o trabalho. O site se mantém atualizado, os leitores recebem uma variedade de opiniões e você apenas precisa blogar uma vez por semana em vez de múltiplas vezes.

Assistentes virtuais (AVs) fornecem ajuda administrativa sem presença física no seu escritório. Você pode encontrar AVs em sites como Elance.com, Guru.com e outros sites de trabalho. Embora você ainda precise escrever publicações para seu blog e tweets, e criar seu conteúdo on-line, um hábil AV pode eliminar o esforço de carregar o material, e ajudá-lo a criar sua parede no Facebook, convidar pessoas que preencham seus critérios estratégicos para tornarem-se seus amigos, fãs ou seguidores, aceitar convites de amigos e responder a perguntas frequentes enquanto mantêm suas páginas livres de *spam* e comentários não desejados. As mídias sociais são grandes tarefas para um AV, porque podem ser acessadas de qualquer lugar. Se você se concentra na criação de conteúdo de qualidade e na supervisão da estratégia global, seu AV pode lhe economizar horas de carregamentos e liberá-lo para que você cuide das interações pessoais das suas mídias sociais.

As mídias sociais são uma adição poderosa à sua estratégia de marketing com bom custo-benefício. No mundo atual, a ausência de proprietários de negócios e autônomos nas mídias sócias será notada. À medida que você desenvolve seu negócio além de sua região geográfica, as mídias sociais podem abrir as portas para um público-alvo mundial. Por meio da criação de uma maneira em que profissionais ao redor do mundo podem se conhecer, compartilhar, vender bens e serviços, e desenvolver relacionamentos, é evidente que as mídias sociais não estão aqui para brincadeira.

Quer saber mais sobre mídias sociais?

As possibilidades promocionais das mídias sociais mudam diariamente. Gail Z. Martin dá palestras para públicos reais e virtuais por meio de apresentações, seminários e workshops para manter os proprietários de negócios e profissionais autônomos atualizados com as mais recentes ferramentas e técnicas das mídias sociais. Convide-a para seu próximo evento. Para aqueles que desejam obter mais informações, Gail oferece programas intensivos de treinamento, on-line, para grupos e *mastermind groups*. Obtenha maiores informações no site *www.GailMartinMarketing.com*.

A página 303 oferece um calendário para ajudá-lo durante seus 30 dias rumo ao sucesso com as mídias sociais. Use-o para planejar e acompanhar seu progresso.

Quer saber mais sobre mídias sociais?

1	2	3	4	5	6	7
8	9	10	11	12	13	14
15	16	17	18	19	20	21
22	23	24	25	26	27	28
29	30					

Este livro foi composto na tipologia Berling LT Std,
em corpo 11/16pt, e impresso em papel off-white 80g/m²,
no Sistema Cameron da Divisão Gráfica
da Distribuidora Record.